„Heute koch ich, morgen brau ich ..."

Carola Ruff

Märchenrezepte

Kochen, Backen & Lesen mit Kindern

nach einer Idee von Edith Nell

BuchVerlag
für die Frau

ISBN 978-3-89798-357-1

Covergestaltung und Layout: Susanne Weigelt, Leipzig
Illustrationen: Dagmar Elsner-Schwintowsky
Druck und Bindung: Print Consult GmbH, München
Printed in Slovakia

www.buchverlag-fuer-die-frau.de

Inhaltsverzeichnis

8 ✢ Vorwort: Warum Sie Ihren Kindern und Enkelkindern
Märchen vorlesen und mit ihnen gemeinsam kochen sollten

10 ✢ Kleines Küchenlexikon

12 ✢ Das Märchen vom süßen Brei
Kein Märchen: Ab wann Kinder in der Küche helfen können (1)

15 ✢ Rezepte für ein gesundes Frühstück*

20 ✢ Das Märchen von den Bremer Stadtmusikanten
Kein Märchen: Ab wann Kinder in der Küche helfen können (2)

23 ✢ Rezepte für Suppen und Eintöpfe

30 ✢ Das Märchen von Rapunzel
Kein Märchen: Kinder wollen Lebensmittel mit allen Sinnen erfahren

33 ✢ Rezepte für Salate

36 ✢ Das Märchen von Schneewittchen
Kein Märchen: Küchenhelfer schützen Kinderfinger

40 ✢ Rezepte für Hauptgerichte

50 ✢ Das Märchen vom Rumpelstilzchen
Kein Märchen: Vegetarische Ernährung ist gut für Kinder

54 ✢ Rezepte für Nachtisch oder süße Hauptgerichte

64 ✧ **Das Märchen von Rotkäppchen**
Kein Märchen: Obst und Gemüse aus der Region sind gesünder

67 ✧ Rezepte für Kuchen und Gebäck

76 ✧ **Das Märchen vom Tischlein deck dich**
Kein Märchen: Kinder lieben Feste

80 ✧ Rezepte für Kindergeburtstag, Grillfest oder Halloween-Gruselparty

86 ✧ **Das Märchen von Hänsel und Gretel**
Kein Märchen: Aromastoffe – Erdbeergeschmack aus Holz

90 ✧ Rezepte für kleine, schnelle Gerichte

96 ✧ **Das Märchen von Dornröschen**
Kein Märchen: Kinder brauchen keine Extrawurst

100 ✧ Rezepte für Brot, Brötchen und Brotmuffins

104 ✧ **Das Märchen vom König Drosselbart**
Kein Märchen: Was Kinder wirklich brauchen (1)

108 ✧ Rezepte für Ketchup, Gummibärchen und andere Lieblingssachen

112 ✧ **Das Märchen von Frau Holle**
Kein Märchen: Was Kinder wirklich brauchen (2)

115 ✧ „Ende gut, alles gut": Der kleine Koch als Gärtner –
und wie man aus Küchenabfall schöne Blumen ziehen kann

117 ✧ **Rezeptverzeichnisse**

Warum Sie Ihren Kindern und Enkelkindern Märchen vorlesen und mit ihnen gemeinsam kochen sollten

Phantasie ist wichtiger als Wissen, denn Wissen ist begrenzt. Albert Einstein

Im Märchen erfahren Kinder, wie Menschen durch eigene Leistung oder mit Hilfe anderer aus Notlagen gerettet werden. Sie erkennen, dass alles Handeln Folgen hat. Vielen Eltern erscheint diese Schwarz-Weiß-Malerei zu simpel, aber Kinder lernen genau auf diese Weise Gut und Böse, Recht und Unrecht zu unterscheiden und entwickeln ein Gefühl für Verantwortungsbewusstsein und Gerechtigkeit.

Für Kinder bedeutet es Sicherheit, wenn Prinz und Fee immer gut, Hexe und Wolf dagegen immer böse sind. Alle anderen Farben und Facetten des Lebens kommen erst später hinzu.

Auch wenn unsere Welt immer technisierter und medienorientierter wird: Kinder sind immer noch Kinder. Um in dieser Welt später als Erwachsene bestehen zu können, müssen sie jetzt neben Liebe, Pflege und Nahrung auch Sicherheit und Vertrauen erfahren.

Eine CD oder ein Märchenfilm kann Vorlesen nicht ersetzen. Mit Geräten kann man nicht kuscheln, sie können dem Kind nichts erklären, wenn es etwas nicht versteht. Das können nur Menschen! Kinder genießen das Beisammensein mit den Eltern, die Stimme von Mama oder Papa, und wenn das Märchen glücklich ausgegangen ist, finden sie auch leichter zur Ruhe. Vorlesen bietet noch andere Vorteile: Kinder lernen dabei richtig sprechen und finden Zugang zu Büchern. Das erleichtert ihnen später das Lernen in der Schule. Beim Fernsehen dagegen, auch bei Kindersendungen, trifft sie eine Bilderflut, die sie so schnell nicht verarbeiten können.

Auch das gemeinsame Kochen und Essen rückt wieder in das Bewusstsein der Familien. Und das ist gut so. In vielen Familien arbeiten beide Eltern, das Kind isst im Hort oder der Schulmensa, die Eltern in der Kantine. Abends gibt es bestenfalls ein Fertiggericht oder etwas von „McSchnell & Co.", oft sogar vor dem Fernseher serviert. So haben viele Kinder keine Beziehung zum Essen und zu den Zutaten, aus denen eine gesunde Mahlzeit besteht.

Das muss nicht sein: Gesundes Kochen für und mit Kindern ist ganz einfach. Und macht Spaß! Schon die Allerkleinsten lieben es, die Mutter in der Küche zu beobachten. Kann das Kind schon sicher laufen, darf es der Mutter in der Küche, z.B. auf einem kleinen Hocker stehend, beim Salatwaschen helfen oder den

Tisch decken. Zuerst nur seine eigenen unzerbrechlichen Teller und Tassen, später dann auch das Geschirr der Großen. Die Mutter kann ihm dabei erklären, was sie gerade macht, und wenn es etwas zu rühren oder mischen gibt, darf der kleine Helfer seiner Mutter stolz zur Hand gehen. Ist das Kind im Kindergarten oder der Vorschule, kann es seine Obst- und Pausenmahlzeit selbst zusammenstellen und in der Kindergartentasche verstauen.

Mit Schulkindern kann man dann schon richtig kochen. Machen Sie daraus ein Ritual. Kinder lieben es, bestimmte Sachen immer wieder zu machen. Das gibt ihrem Leben Sicherheit und Struktur.

Sind beide Eltern berufstätig, kann es auch ruhig am Wochenende sein. Wer sagt denn, dass es sonntags immer etwas Kompliziertes, Großartiges zum Essen geben muss? Ist es nicht viel schöner, wenn man am Wochenende gemeinsam kocht?

Eine ideale Hilfe bietet dieses Märchenkochbuch. Lesen Sie am Abend das Märchen vor und besprechen Sie mit den Kindern, was sie zusammen kochen wollen. Am nächsten Morgen lesen Sie gemeinsam das Rezept und prüfen, welche Zutaten schon vorhanden sind und was noch gekauft werden muss. Kleine Kinder malen den Einkaufszettel, die größeren schreiben natürlich. Gehen Sie zusammen einkaufen und lassen Sie die Kinder auswählen, was sie für die Mahlzeit benötigen. Besprechen Sie mit den Kindern, welche Arbeiten durchgeführt werden müssen und wer sie erledigen soll. Verteilen Sie dann möglichst gerecht die Arbeit. Kleine Kinder matschen und rühren gern,

größere wiegen und zählen lieber. Alles was mit scharfen Messern, kochendem Wasser oder heißem Fett zubereitet wird, bleibt natürlich Ihre Arbeit bzw. wird nur unter Ihrer Anleitung gemacht.

Erklären Sie während der Zubereitung ganz nebenbei, woher die Lebensmittel stammen, welche Vitamine und Mineralstoffe in den Zutaten enthalten sind und wofür sie unser Körper braucht. Infos dazu finden Sie bei den Rezepten. Misslingt etwas oder fällt etwas herunter, niemals schimpfen. Auch Ihnen passieren Missgeschicke!

Und nun ran an die Töpfe! – Sie werden staunen, wie viel Freude Ihre Kinder in der Küche haben und ganz nebenbei ihr Selbstbewusstsein einen Schub kriegt: Denn jede selbst zubereitete Mahlzeit ist ein Erfolg. Beim Essen verteilen Sie noch einmal großzügig Lob für die getane Arbeit – und abends lesen Sie das nächste Märchen vor und schließen „einen Pakt", wann wieder gemeinsam märchenhaft gekocht wird!

Viel Freude dabei und guten Appetit!

Übrigens: Alle Rezepte sind, wenn nicht anders angegeben, für 4 Personen gedacht, können aber gut halbiert oder verdoppelt werden.

Fette Schrift im Text zeigt an: Vorsichtig arbeiten!

Bei manchen Rezepten finden Sie unter „Gut zu wissen" Interessantes und Wissenswertes zu den Zutaten, zur Herkunft der Lebensmittel etc.

Kleines Küchenlexikon

Köche haben manchmal ihre ganz eigene Sprache. Wir möchten einmal die wichtigsten Begriffe kurz erklären:

Ablöschen heißt, dass man Gebratenes, z. B. Zwiebeln oder Fleisch, mit Brühe, Wasser oder Milch aufgießt. Daraus wird dann die Sauce oder Suppe.

Abschmecken heißt, dass man die Suppe oder Sauce probiert und falls nötig noch etwas Salz oder andere Gewürze zugibt.

Abschrecken heißt, dass man gekochte Eier, Nudeln oder Kartoffeln mit kaltem Wasser abspült und so die Hitze wegnimmt.

Dünsten heißt, dass z. B. Fisch, Fleisch oder Gemüse nur mit ganz wenig Wasser oder Fett gekocht werden.

Eier trennen heißt, dass man ein Ei mit dem Messer oder am Schüsselrand aufschlägt, ohne es zu zerschlagen, es weiter vorsichtig mit den Händen auseinanderbricht, um Eiweiß und Eigelb in verschiedene Tassen oder Schüsseln geben zu können. Am besten sollten das die Eltern mehrmals zeigen und auch nicht böse sein, wenn beim Ausprobieren das eine oder andere Ei „zermatscht" wird.

Glasig dünsten heißt, dass man die Zwiebeln so lange im heißen Fett (Öl, Butter oder Margarine) köchelt, bis sie durchsichtig werden.

Garprobe machen heißt, dass man mit einem Messer, einem Holzstäbchen oder einer langen (Strick-)Nadel in den Kuchen sticht und wieder herauszieht. Wenn kein Teig mehr an Messer oder Nadel klebt, ist der Kuchen gar. Wenn doch, dann lieber noch einmal 5 Min. im Backofen lassen und noch einmal probieren.

Auf kleiner Flamme kochen heißt, dass man die Herdplatte auf die geringste Hitze einstellt.

Köcheln heißt, dass man das Gericht bei kleiner Hitze langsam kocht.

In Butter schwenken heißt, dass man Nudeln, Kartoffeln oder Gemüse mit etwas Butter in einer Pfanne erwärmt.

Ziehen lassen heißt, dass man das Gericht etwas stehen lässt, damit es den Geschmack der Gewürze annehmen kann. – Mit **Ruhen lassen** ist dagegen gemeint, dass Teig, Flocken, Reis oder Grieß quellen sollen.

Mundgerechte Stücke sind so groß, dass man sie ohne weiteres Zerkleinern gut in den Mund stecken und kauen kann.

Wie groß? Wie viel? Wie schwer?

Steht im Rezept **1 l Brühe**, kann man auch einfach 1 l Wasser aufkochen und darin einen Brühwürfel (oder ca. 3 TL Brühpulver) auflösen.

TK heißt einfach nur **T**ief**K**ühl- bzw. tiefgekühlt: so sind z. B. TK-Erbsen tiefgekühlte Erbsen. Ganz einfach die Packung aufmachen, am besten kurz mit kaltem Wasser abspülen und dann wie im Rezept beschrieben verwenden.

1 **EL** = 1 Esslöffel = die Menge, die auf einem glatt gestrichenen Esslöffel Platz hat.

1 **Handvoll** = die Menge, die in einer normal großen Frauenhand oder in zwei Kinderhänden Platz hat.

1 **l** = 1 Liter = 1000 ml
(½ l = 500 ml, ¼ l = 250 ml, ⅛ l = 125 ml)

Msp. = 1 Messerspitze = die Menge, die auf eine Messerspitze passt.

Pr. = 1 Prise = die Menge z. B. von einem Gewürz, die man zwischen Daumen und Zeigefinger fassen kann.

1 **TL** = 1 Teelöffel = die Menge, die auf einem glatt gestrichenen Teelöffel Platz hat.

1 **Tasse** = die Menge, die in eine normale Kaffeetasse (keinen Pott oder Becher!) passt.

Das Märchen vom süßen Brei

Es war einmal eine Frau, die lebte allein mit ihrer Tochter. Die Mutter war krank und das Mädchen zu klein, um Geld zu verdienen. So waren sie bitterarm. Die Tochter ging jeden Tag in den Wald, um Beeren zu sammeln. Im Frühjahr und Winter, wenn es noch keine Beeren gab, kochten sie einen Brei, den sie mit den eingekochten Beeren aus dem letzten Sommer süßten. Doch oft hatten sie nicht einmal Geld für etwas Hirse, um Brei zu kochen, so dass sie hungrig zu Bett gehen mussten.

Eines Tages ging das Mädchen wieder Beeren suchen und als es überhaupt nichts fand, brach es in Tränen aus. Da begegnete ihm eine alte Frau, die es tröstete und ihm einen kleinen Topf schenkte: Sie sprach: „Sage zu dem Topf ‚Töpfchen koch‘, und er wird dir einen guten süßen Hirsebrei kochen. Seid ihr satt, sage ‚Töpfchen steh‘, und er wird aufhören zu kochen. Pass gut auf ihn auf!‘‘

Das Mädchen brachte den Topf seiner Mutter heim, und von nun an hatten sie keine Not mehr. Sie konnten sogar Beeren verkaufen und dafür Medizin für die kranke Mutter holen, der es bald besser ging.

Eines Tages war die Tochter ausgegangen, da wollte die Mutter sich einen Brei kochen. Sie sagte „Töpfchen koch‘‘ und aß sich satt. Nun wollte sie, dass der Topf aufhört zu kochen, doch sie wusste das andere Zauberwort nicht mehr, und so kochte der Topf immer weiter, und der Brei stieg über den Rand hinaus und kochte immer noch weiter, und alsbald waren die Küche und das ganze Haus voll Brei, dann lief er ins nächste Haus und durch die Straße, und immer weiter durch die ganze Stadt, als wollte er die ganze Welt satt machen.

Endlich, als nur noch ein einziges Haus übrig war, kam die Tochter heim und sprach „Töpfchen steh‘‘, da hörte es auf zu kochen. Doch wer von nun an in die Stadt wollte, musste sich erst durch den Brei essen.

Kein Märchen: Ab wann Kinder in der Küche helfen können (1)

Kinder würden viel früher in der Küche helfen und später dann auch fast selbstständig agieren, führte man sie nur früh genug ans Kochen heran.

Kleinkinder bis 12 Monate halten sich gern in der Nähe der Eltern auf, also auch in der Küche. Töpfe und Pfannen, Kochlöffel und Schneebesen faszinieren sie. Räumen Sie eine untere Schublade oder ein Fach im Küchenschrank aus und füllen es mit Geräten aus Holz oder Plastik.

Kleinkinder ab 18 Monaten realisieren, was in der Küche geschieht, und wollen auch „kochen". Mit ein paar Rosinen und Haferflocken oder Quark in einer Schüssel und dazu einem Löffel kann das Kind rühren und matschen und anschließend Mama damit füttern!

Kinder ab 2 Jahren können unter Aufsicht eine Scheibe Brot mit Butter beschmieren, mit Aufschnitt belegen oder bei einer richtigen Mahlzeit helfen. z. B. Kartoffeln und Kräuter waschen, sie mit Küchenpapier trockentupfen, mit der Kräuterschere Kräuter klein schneiden und in den Quark rühren. Den Rest – die Kartoffeln kochen und den Quark abschmecken – erledigt dann noch die Mutter. Schön ist auch, wenn in der Küche noch Platz für die Puppen- oder Spielküche ist.

Kinder ab 3 Jahren können unter Aufsicht mit dem Kartoffelschäler Kartoffeln oder Möhren schälen, Pellkartoffeln für Bratkartoffeln oder Kartoffelsalat pellen, Salat waschen, in der Salatschleuder trocknen und in mundgerechte Stücke zerpflücken oder Zutaten in die große Rührschüssel schütten und verrühren.

Ab 4 Jahren kann ein Kind unter Aufsicht (bzw. wenn man seine Hand führt) schon Gurken, Kohlrabi, Möhren oder Zucchini mit einem scharfen Messer klein schneiden. Mit dem Scheibenschneider (S. 39) können sie es auch allein. Jetzt können Kinder auch schon selbstständig den Frühstückstisch decken, wenn Zutaten und Geschirr für sie ohne Hocker erreichbar sind. Kaffee- und Brotmaschine, Wasserkocher sowie der Toaster bleiben aber noch tabu.

(Fortsetzung nach den Bremer Stadtmusikanten – S. 22)

Rezepte für ein gesundes Frühstück

Steh-Töpfchen
Hirsebrei

Vorbereitung: Da Hirse beim Kochen eine Art Schleim bildet, zuerst Hirse in wenig Wasser kurz aufkochen, dann gründlich kalt abspülen.
Anschließend Hirse mit allen Zutaten aufkochen, von der Herdplatte ziehen und eine halbe Stunde quellen lassen. Danach noch einmal aufkochen. Bei kleiner Hitze unter Rühren kochen, bis der Brei sämig ist.
Mit Zimt und Zucker oder Kompott servieren.

Gut zu wissen: Hirse ist das älteste und mineralstoffreichste Getreide. Schon vor 8 000 Jahren wurden daraus ungesäuerte Fladenbrote gebacken. In Afrika und Asien ist es bis heute ein Hauptnahrungsmittel. Das war es vor etwa 100 Jahren auch bei uns, bis es als „Arme-Leute-Essen‘ galt und langsam aus der Küche verschwand. Früher war das warme Frühstück die Mahlzeit, die Kraft für den ganzen Tag geben musste, denn eine weitere Mahlzeit gab es oft nicht, z. B. bei armen Familien!
Wegen seiner vielen wertvollen Inhaltsstoffe (Fluor, Schwefel, Phosphor, Magnesium, Kalium, besonders viel Silizium und Eisen) kommt es jetzt wieder zu Ehren. Schon 50 g Hirse decken den täglichen Eisenbedarf (von Kindern und Erwachsenen). Eisen wird im Körper besonders gut zusammen mit Vitamin C verarbeitet. Deshalb ist Hirsebrei mit Obst geradezu ideal. Hirse kann jedoch nicht roh gegessen werden!

für 2–3 Personen:
125 g Hirse
500 ml Milch
1 EL Zucker oder Sirup
1 Prise Salz
75 g Rosinen

Feenschaum
Original Bircher-Müsli

pro Person:
1 EL Haferflocken
3 EL Wasser
je 1 TL Haselnüsse und
Mandeln
1 säuerlicher Apfel
1 TL Zitronensaft
etwas Milch

Vorbereitung: Haferflocken in Wasser über Nacht einweichen. Nüsse und Mandeln grob reiben (oder bereits gehackte Nüsse und Mandeln nehmen).
Apfel mit Schale reiben. Mit Haferflocken und allen anderen Zutaten zu einem Brei mischen. So viel Milch dazugießen, dass das Müsli weich, aber nicht flüssig wird.

Gut zu wissen: Diese Frühstücksspeise wurde um 1900 von dem Schweizer Arzt Maximilian Bircher-Benner entwickelt. Er empfahl auch, rohes Gemüse zu essen – das war zu einer Zeit, als man Gemüse zu Brei kochte, eine Sensation. Die Leute wussten es nicht besser, da die Vitamine noch gar nicht entdeckt waren!

Dreiäuglein
Dinkelbrei

100 g Dinkelkörner
je 1 Apfel und Banane
750 ml Milch
1 TL Honig

Vorbereitung: Dinkel schroten bzw. beim Kauf schroten lassen.
Apfel schälen, in mundgerechte Würfel schneiden. Banane in Scheiben schneiden.
Apfelstücke mit Dinkelschrot und Milch kochen. Herdplatte ausschalten. Mit der Restwärme (bei Gasherden: auf kleinster Flamme) unter Rühren köcheln, bis ein Brei entsteht. Honig und Bananenscheiben unterrühren.

Variante: Schmeckt mit jedem frischen Obst, aber auch mit (eingeweichten) Trockenfrüchten.

Quill aus dem Topf
Grießbrei

Ei trennen, Eiweiß steif schlagen. Milch mit Salz erhitzen, Temperatur herunterschalten. Langsam Grieß einrieseln lassen, mit dem Schneebesen verrühren. **Achtung: Spritzgefahr!** Bei kleinster Hitze so lange köcheln lassen, bis der Grieß ganz aufgequollen ist. Zucker zugeben und gut umrühren. Vom Herd nehmen und etwas abkühlen lassen. Nun Eigelb und Butter unterrühren. Zuletzt das steife Eiweiß unterheben. Mit Zucker-Zimt-Mischung, Apfelmus oder einem Kompott (s. nächste Seite) servieren.

Variante: Schmeckt auch ohne Ei gut!

Gut zu wissen: Grieß wird wie Mehl aus Weichweizen gemahlen. Nur stellt der Müller die Mühle so ein, dass aus den Körnern 0,3 mm große Stückchen entstehen. Das wird dann feiner Grieß für Babynahrung. Aus 0,47–1 mm großen Stückchen wird der normale Haushaltsgrieß gemahlen. Grieß gibt es nicht nur aus Weizen, sondern auch aus Buchweizen, Dinkel, Hafer, Hirse, Gerste und Mais. Aus Hartweizengrieß werden hauptsächlich Nudeln hergestellt. Grütze und Bulgur sind ebenfalls Hartweizenkörner, aber noch gröber geschnitten.

1 Ei
500 ml Milch
1 Prise Salz
60 g Grieß
Zucker (nach Geschmack)
1 EL Butter

Hans im Glück
Apfelrohkost

Vorbereitung: Rosinen einweichen.
Nüsse grob hacken (oder gehackte Nüsse verwenden). Rosinen abgießen, Äpfel schälen und reiben. Mit Haferflocken, Zitronensaft und Joghurt vermischen, erst zuletzt mit Zucker oder Sirup süßen.

je 1 EL Rosinen und Nüsse
2 große Äpfel
1 TL Zitronensaft
6 EL Haferflocken
125 g Naturjoghurt
1 EL Zucker oder Sirup

Wolkenweiß
Milchreis

50 g Mandelblättchen
1 TL Butter
350 ml Milch
1 EL Zucker
75 g Reis
4 EL Sahne

Mandelblättchen ohne Fett in einer Pfanne goldgelb rösten. Zum Abkühlen aus der Pfanne nehmen. Butter in einem Topf zerlaufen lassen, Milch, Zucker und Reis zugeben, zugedeckt langsam erhitzen. Gelegentlich umrühren. Reis mit Mandeln und Sahne verrühren. Dazu Kompott servieren, z. B. Göttertraum-Kompott (nachfolgendes Rezept).

Göttertraum
Kompott

300 g frisches Obst
der Jahreszeit
50 ml Wasser
ein wenig Zucker (Menge
nach Geschmack)

Obst waschen und in mundgerechte Stücke schneiden.
Wasser mit Zucker und Obst aufkochen und etwa 3 Min. dünsten. Abgekühlt servieren.

Beerentraum
Beeren-Joghurt

pro Person:
125 g Naturjoghurt
1 Handvoll frische Beeren
½ TL Honig oder Zucker

Alle Zutaten miteinander vermischen. In einen verschließbaren Becher (ca. 200 g Füllmenge) geben, gut verschließen, kalt stellen.

✕ *Tipp: Ideal auch als zweites Frühstück für die Schule: Dann aber den Löffel nicht vergessen!*

Blaue Versuchung
Heidelbeer-Joghurt-Shake

Beeren waschen, mit Küchenpapier trockentupfen. Alle Zutaten im Mixer pürieren.

✗ *Tipp: Schmeckt auch mit anderen frischen Beeren!*

pro Person:
100 g frische Heidelbeeren
50 g Vanillejoghurt
150 ml Milch
½ EL Honig
1 Spritzer Zitronensaft

Paradieschen
Bananen-Smoothie

Vorbereitung: Wasser in Eiswürfelschale füllen und in den Gefrierschrank legen. Wenn das Wasser zu Eis geworden ist, die Bananen in Scheiben schneiden und zusammen mit den Eiswürfeln und allen anderen Zutaten, bis auf den Zimt, im Mixer pürieren. In hohe Gläser füllen und zum Schluss mit Zimt bestreut servieren.

für 2 Personen:
2 Bananen
500 ml Milch
2 EL Honig
3 Eiswürfel
1 Prise Zimt

Rosenrot
Feine Erdbeerspeise

Erdbeeren waschen, zum Trocknen kurz auf Küchenpapier legen und anschließend mit den übrigen Zutaten (außer den Kokosraspeln) grob pürieren. In Schälchen verteilen und mit Kokosraspeln bestreut servieren.

✗ *Tipp: Die Erdbeerspeise wird zum feinen Sonntags-Nachtisch, wenn man zusätzlich 125 g Sahne mit 1 EL Zucker steifschlägt und unter die Creme hebt.*

250 g frische Erdbeeren
1–2 EL Zucker (je nach Süße der Erdbeeren)
1 Spritzer Zitronensaft
125 g Joghurt
125 g Magerquark
2 EL Kokosraspeln

Das Märchen von den Bremer Stadtmusikanten

Es war einmal ein alter Esel, der die schweren Mehlsäcke des Müllers nicht mehr tragen konnte. Deshalb dachte sein Herr daran, ihn loszuwerden. Der Esel merkte, dass kein guter Wind wehte, und lief fort. Da er eine kräftige Stimme hatte, dachte er, er könne nach Bremen gehen und dort Stadtmusikant werden. Unterwegs traf er einen Hund, der jammerte: „Ich bin alt und meine Knochen tun mir weh. Da wollte mich mein Herr, dessen Hof ich ein Leben lang bewacht habe, totschlagen! Da hab ich Reißaus genommen." Der Esel tröstete ihn: „Komm mit mir und werde auch Stadtmusikant!" So zogen sie zusammen weiter. Nach einer Weile trafen sie eine Katze, der es ähnlich ergangen war. Sie konnte nicht mehr gut sehen und keine Mäuse mehr fangen. Ihre Herrin wollte aber keinen unnützen Esser im Haus haben und hatte sie aus dem Haus gejagt. „Ach gräm dich nicht!", sagten die beiden: „Mit deiner schönen Stimme kannst du doch auch Stadtmusikant werden!" Kurz bevor es dunkel wurde, trafen sie noch einen alten Hahn, der saß auf einem Tor und schrie aus Leibeskräften. Er hatte gehört, wie die Köchin sagte, dass er als Sonntagsbraten wenigstens noch zu etwas nütze sei. Da wollte er lieber fortgehen, doch nun wisse er nicht wohin. Da luden ihn die drei ein, mit nach Bremen zu kommen.

Als es dunkel wurde, suchten sie im Wald eine Stelle, an der sie schlafen konnten. Da sahen sie ein Licht und gingen ihm nach, bis sie vor ein hell erleuchtetes Räuberhaus kamen. Der Esel näherte sich dem Fenster und schaute hinein. „Was siehst du?", wollten die anderen wissen. „Was ich sehe?", antwortete der Esel. „Einen gedeckten Tisch mit schönem Essen und Trinken, und die Räuber sitzen daran und lassen es sich wohl ergehen." „Das wäre was für uns", meinten die Vier und berieten, wie sie die Räuber verjagen könnten.

Der Esel stellte sich vor das Fenster. Der Hund sprang ihm auf den Rücken, die Katze kletterte auf den Hund und der Hahn flog der Katze auf den Kopf. Der Esel schrie, der Hund bellte, die Katze miaute und der Hahn krähte. Die Räuber erschraken bei dem entsetzlichen Geschrei und flohen in den Wald. Die vier Musikanten setzten sich aber an den Tisch und ließen es sich schmecken. Als sie satt waren, löschten sie das Licht und suchten sich einen Schlafplatz – der Esel im Hof auf dem Mist, der Hund hinter der Türe, die Katze neben dem Herd und der Hahn auf dem Dach. Die Räuber wollten aber wieder in ihr Haus, und so schickte der Räuberhauptmann einen Räuber zurück, um zu prüfen, ob noch jemand im Haus sei. Der Räuber fand alles still. In der Küche sah er die Augen der Katze und meinte, es wären glühende Kohlen. Er hielt ein Streichholz daran, um Feuer zu machen. Sogleich sprang ihm die Katze ins Gesicht und kratzte ihn. Da erschrak er gewaltig und wollte zur Hintertür

hinaus, wo ihn der Hund ins Bein biss. Er rannte über den Hof, wo ihm der Esel noch einen kräftigen Tritt gab, und der Hahn, der von alledem wach geworden war, krähte „Kikeriki!"

Da lief der Räuber zu seinem Hauptmann zurück und erzählte, was ihm widerfahren war: „Im Haus sitzt eine Hexe, die hat mir das Gesicht zerkratzt, an der Tür steht ein Mann, der hat mir mit einem Messer ins Bein gestochen, und auf dem Hof hat mir ein schwarzes Ungeheuer mit einem Knüppel auf den Rücken geschlagen. Oben auf dem Dach saß der Richter, der rief: Bringt mir den Dieb, bringt mir den Dieb!" Da getrauten sich die Räuber nicht mehr zurück. Den vier Freunden gefiel es aber so gut in dem Haus, dass sie darin für immer wohnen blieben.

Kein Märchen: Ab wann Kinder in der Küche helfen können (2)

Ab 5 Jahren drängen küchenerfahrene Kinder geradezu an den Herd. Unter Anleitung können sie Rührei, Spiegeleier und Pfannkuchen zubereiten. Salat – vom Putzen bis zum Servieren – können sie allein zubereiten, ebenso bereits Brote schmieren. Damit ist schon eine komplette Mahlzeit fertig!

Ab 6–7 Jahren, wenn Lesen und Schreiben einigermaßen klappen und der Weg in den nächsten Laden nicht gefährlicher ist als der Schulweg, können Kinder eine Mahlzeit planen, einkaufen und kochen. Die ersten Male sollten Sie noch mitgehen, aber nur im Notfall eingreifen bzw. wenn die Kinder darum bitten.

Kindern **ab 8 Jahren** kann man – je nach Temperament des Kindes! – bereits gefährlichere Aufgaben übertragen und sie z. B. eine kochende Suppe umrühren lassen oder Gemüse oder Fleisch in heißem Fett brutzeln lassen. Unter Anleitung können jetzt auch das Schneiden mit der Brotschneidemaschine (mit Fingerschutz! – S. 39) bzw. mit dem Brotmesser geübt werden.

Erklären Sie Ihrem Kind unbedingt auch den Herd, wie man Herdplatten an- und ausschaltet etc. Am Wochenende kann ein interessiertes Kind schon mal (fast) ganz allein eine Mahlzeit zubereiten. Der Wunsch dazu muss aber vom Kind ausgehen.

Rezepte für Suppen und Eintöpfe

Musikantenspaß
Suppe mit Grünkernklößchen

Petersilie waschen, trockenschütteln und fein hacken. Wasser mit Butter und Gewürzen aufkochen. Mehl einrühren, bis ein fester Teig-Kloß entsteht. Von der Herdplatte ziehen, abkühlen lassen. Inzwischen Brühe aufkochen und vom Herd nehmen. In den abgekühlten Kloß das Ei und die Petersilie einrühren, gut vermengen. Mit dem Teelöffel kleine Klößchen abstechen und vorsichtig in die heiße, aber nicht mehr kochende Brühe einlegen. Etwa 5 Min. ziehen lassen und dann servieren.

Gut zu wissen: Grünkern ist das noch nicht reife Korn des Dinkels. In Gegenden, in denen es im Sommer viel regnet, hatten früher die Bauern aus Angst, dass ihnen das Korn am Halm verfault, einen Teil des Getreides schon eher geerntet und über dem Feuer geröstet. So waren sie sicher, dass sie auch bei schlechtem Wetter wenigstens einen Teil ihres Korns gerettet hatten.

½ Bund frische Petersilie
125 ml Wasser
2 EL Butter
Pfeffer, Salz, Muskat
75 g Grünkernmehl (gibt's im Reformhaus; Alternativen: Haferflocken oder feiner Grieß)
1 Ei
1 l Brühe

Räubersuppe
Deftige Tomatensuppe

Zwiebel und Paprika putzen und würfeln. Fleisch würfeln. Kichererbsendose öffnen, abspülen, abtropfen lassen.
In einem großen Topf das Öl erhitzen, Paprika und Zwiebel darin leicht anbraten, **mit Brühe ablöschen**. Fleisch, Tomaten, Kichererbsen und Gewürze zugeben. Köcheln lassen, bis das Fleisch gar ist. Mit Pfeffer, Salz und Rohrzucker abschmecken. Dazu schmeckt Fladenbrot.

1 Zwiebel • je 1 gelbe und grüne Paprika • 250 g Putenschnitzel • 1 Dose Kichererbsen
2 EL Öl • 250 ml Brühe
1 kg Tomaten, passiert (Tetrapack) • 1 TL Paprika
2 TL italien. Kräutergewürz
Pfeffer, Salz • Rohrzucker

Hund und Katz
Schnelle Tomatensuppe

1 l Brühe
4 Tomaten
1 EL Tomatenmark
Pfeffer, Salz
1 Msp Zucker
1 TL Balsamico-Essig
4 TL Basilikum-Pesto

Brühe kochen, Tomaten klein schneiden. Tomaten und Tomatenmark in der Brühe aufkochen, mit Pfeffer, Salz, Zucker, Essig abschmecken, zuletzt das Pesto unterrühren. Schmeckt gut zu Fladenbrot oder Brotstangen.

Gut zu wissen: Heute können wir uns ein Leben ohne Tomaten gar nicht mehr vorstellen. Dabei werden sie erst seit 1900 als Lebensmittel verwendet! Die Tomate stammt ursprünglich aus Süd- und Mittelamerika. Nach der Eroberung Amerikas wurde sie als Zierpflanze nach Europa gebracht und hieß wegen der schönen Farbe entweder *Gold-* oder *Paradiesapfel*.

Letzte Rettung
Brezelsuppe

1 Zwiebel
2 Laugenbrezeln oder
Brötchen (von gestern)
1 Bund Schnittlauch
1–2 Zehen Knoblauch
2 EL Öl
1 l Brühe
4 EL Schmand
Pfeffer, Salz

Zwiebel schälen und klein schneiden, Brezeln oder Brötchen in feine Scheiben und Schnittlauch in feine Röllchen schneiden. Zwiebel und durchgedrückten Knoblauch in Öl andünsten, **mit Brühe aufgießen. (Vorsicht, das kann etwas spritzen!)** 5 Min. kochen lassen. Schmand und Brezeln/Brötchen in die Suppe geben, würzen und sofort servieren.

Gut zu wissen: Bis ein Brezelbäcker aus einem einzigen Teigstrang in einer Sekunde und in einer einzigen Bewegung eine Brezel formen kann, muss er Jahre üben.

Ritsch-Ratsch-Suppe
Schnelle Karottensuppe

Vorbereitung: Apfelsaft und das Mehl gut verrühren.
Karottensaft und Gemüsebrühe aufkochen, zugedeckt bei kleiner Hitze 10 Min. köcheln lassen. Apfelsaftmix einrühren und noch 2 Min. köcheln lassen. Crème fraîche unterrühren und mit Salz und Pfeffer abschmecken. Mit Röstzwiebeln bestreut servieren.

👨‍🍳 *Variante: Statt Apfelsaft 400 ml Kokosmilch nehmen – lecker!*

250 ml Apfelsaft
2 EL Mehl
300 ml Karottensaft
750 ml Gemüsebrühe
3 EL Crème fraîche
Salz, Pfeffer
50 g Röstzwiebeln
zum Bestreuen

Räuberschreck
Erbsensuppe

Zwiebel schälen und klein schneiden, Minze waschen und fein hacken oder Teebeutel aufschneiden, Ziegenkäse in Scheiben schneiden. TK-Erbsen kalt abspülen.
Öl in einem Topf erhitzen, Zwiebeln darin anbräunen, mit Brühe ablöschen, aufkochen. Erbsen zugeben, nochmals aufkochen. Bei kleiner Hitze 3 Min. garen. Minze und Schmand zugeben und gut verrühren. Suppe mit dem Stabmixer pürieren. Suppe auf Teller verteilen und in jeden Teller eine Scheibe Ziegenkäse geben.

✗ *Tipp: Die Suppe schmeckt aber auch ohne Käse sehr gut!*

1 Zwiebel • 2 Zweige frische Minze oder der Inhalt eines Pfefferminz-Teebeutels
100 g Ziegenkäse (Frischkäse-Rollen / Alternative: Feta oder Frischkäse aus Kuhmilch)
1 EL Öl • 800 ml Brühe
400 g TK-Erbsen
100 g Schmand • Salz, Pfeffer
1 EL Zitronensaft

Bremer Süppchen
Petersiliensuppe

1 Zwiebel
150 g Petersilienwurzel
200 g Kartoffeln, mehlig
kochend
2 Eier • 1 Bund Petersilie
2 EL Öl • 800 ml Gemüsebrühe
100 g Schmand
1 EL Zitronensaft
Salz, Pfeffer, Muskat

Zwiebel, Petersilienwurzel und Kartoffeln schälen und klein schneiden. Eier im Wasser 8–10 Min. kochen, Petersilie waschen, trockenschütteln und klein schneiden bzw. hacken. 1 EL der gehackten Petersilie beiseitestellen.
Öl im Topf erhitzen, Zwiebeln und Petersilienwurzeln darin andünsten. Mit Brühe ablöschen, Kartoffeln zugeben und alles bei kleiner Hitze 10 Min. köcheln lassen. Die Eier abgießen, kalt abspülen, pellen und würfeln. Petersilie, Zitronensaft und Schmand in die Suppe rühren. Dann die Suppe mit dem Stabmixer pürieren. Mit Pfeffer, Salz und Muskat abschmecken. Auf Teller verteilen, mit Eierwürfeln und der restlichen Petersilie bestreut servieren.

Katzenjammer
Geröstete Grießsuppe

1 Zwiebel
1 ½ l Brühe
1 EL Butter
4 EL Hartweizengrieß
Pfeffer, Salz

Zwiebel schälen und fein würfeln, Brühe erhitzen.
Butter in einem Topf zerlassen, Zwiebelwürfel darin andünsten, Grieß zugeben und unter Rühren goldgelb anbräunen. **Brühe portionsweise zugießen. (Vorsicht: Kopf nicht direkt über den Topf halten, da sich heißer Dampf entwickelt.)** Bei kleiner Hitze 20 Min. köcheln lassen. Abschmecken und heiß servieren.

✕ *Tipp: Diese Suppe schmeckt am besten an einem kalten Tag oder wenn man sich irgendwie nicht gut fühlt.*

Hahnenkämmchen
Schnelle Nudelsuppe

Kräuter waschen und klein schneiden. Einen kleinen Rest zum Dekorieren beiseitestellen. Nudeln in kaltem Wasser kurz einweichen (dann wird die Suppe von der Stärke nicht so milchig – aber hungrigen Kindern wird das egal sein!).
Gut abgetropfte Nudeln in die kochende Brühe geben, mit halboffenem Deckel 5 Min. kochen lassen. **Vorsicht, die Nudeln kochen leicht über.** Kräuter in die Suppe geben, weiter kochen lassen, bis die Nudeln gar sind. Die Suppe auf die Teller geben und mit ein paar Kräutern garnieren.

1 l Brühe
150 g Buchstaben-Nudeln
1 Bund Schnittlauch
oder andere Kräuter
(TK oder frisch)

Musikantentraum
Süße Kirschsuppe

Vorbereitung: Kirschen aus dem Glas abtropfen lassen, Saft auffangen. Den Saft mit Kirsch- und Johannisbeersaft auf 200 ml auffüllen, 50 ml Saft davon abnehmen und mit der Speisestärke gut verrühren. Die restlichen 150 ml Saft im Topf aufkochen, den Saft-Speisestärke-Mix einrühren, unter Rühren aufkochen. Kirschen, Zucker und Zimt zugeben. Abschmecken. Entweder lauwarm oder kalt mit einer Kugel Vanilleeis servieren.

500 g TK-Sauerkirschen oder
1 großes Glas eingemachte
Kirschen • je 200 ml Kirsch-
und schwarzer Johannisbeersaft
3 TL Speisestärke • 1 EL Vanillezucker • 1 Msp Zimt • Vanilleeis

Faule-Musikanten-Suppe
Klare Brühe mit Einlage

2 Eier
1 EL Mehl
Pfeffer, Salz, Muskat
½ Bund Schnittlauch
1 l Hühner- oder
Gemüsebrühe

Eier mit Mehl gut verrühren, mit Pfeffer, Salz und Muskat würzen. Schnittlauch in Röllchen schneiden.

Brühe aufkochen, Eimasse nach und nach einlaufen lassen, dabei mit der Gabel oder dem Schneebesen gut verrühren. Schnittlauch über die Suppe streuen und servieren.

Die Suppe heißt im Volksmund eigentlich „Faule-Weiber-Suppe"!

Geistersuppe
Kürbissuppe

1 ca. 1–2 kg-Kürbis (soll
500 g Kürbisfleisch ergeben)
2 EL Kürbiskerne
1 Zwiebel
1 Zucchini
2 EL Öl
1 Prise Zucker
1 ½ l Brühe
200 ml Sahne
Pfeffer, Salz
2 EL Apfelessig

Vorbereitung: Den Kürbis mit einem großen Löffel vorsichtig aushöhlen. Kerne und Fruchtfleisch aufheben, faseriges Gewebe entfernen. (Man kann noch Augen, Nase und Mund in den hohlen Kürbis schneiden und Teelichter oder Kerzen hineinstellen – dann leuchtet er schön gruselig.)

Fruchtfleisch würfeln und wiegen: Sind es weniger als 500 g, einfach 1 Zucchini oder 1 Zwiebel mehr nehmen.

Kürbiskerne abwaschen, trocknen und in einer Pfanne ohne Fett kurz rösten. Zucchini und Zwiebel putzen bzw. schälen und in grobe Würfel schneiden. Öl in einem großen Topf erhitzen, Zwiebel, Zucchini und Kürbisfleisch darin anbraten, mit Zucker bestreuen. Mit Brühe ablöschen, aufkochen und zugedeckt 15 Min. köcheln lassen, bis alles weich ist. Mit dem Stabmixer die Suppe pürieren. Dann die Sahne unterrühren und mit Pfeffer, Salz und Apfelessig abschmecken. Auf Teller verteilen und mit den Kürbiskernen bestreut servieren.

✗ *Tipp: Ein tolles Halloween-Rezept. Weitere Rezepte: S. 80–85.*

Hahn auf dem Dach
Kartoffelsuppe mit roten Linsen

Vorbereitung: Erdnüsse grob hacken, Basilikum in feine Streifen schneiden.
Kartoffeln schälen und in kleine Würfel schneiden. Zwiebeln schälen und fein würfeln. Zusammen in dem Öl dünsten. Mit der Brühe ablöschen und 10 Min. köcheln. Linsen in Salzwasser 5 Min. garen, abgießen. Inzwischen Frühlingszwiebeln oder Lauch in feine Ringe schneiden. Mit der Kokosmilch zu den Kartoffeln geben. **Pürieren.** Linsen in die Suppe geben. Würzen und mit den Basilikumstreifen und den gehackten Erdnüssen bestreut servieren.

1 kg festkochende Kartoffeln
1 Zwiebel • 3 EL Öl • 1 ¼ l Brühe
Pfeffer, Salz • 100 g rote Linsen
400 ml Kokosmilch (Dose)
1 kl. Bund Frühlingszwiebeln
oder 1 dünne Stange Lauch
1 Handvoll Erdnüsse
½ Bund Basilikum

Waldhaussuppe
Feine Wurzelsuppe

Zwiebel schälen und fein würfeln, im Öl dünsten. Petersilienwurzeln schälen und klein schneiden. Zu den Zwiebeln geben und kurz mitdünsten lassen. Mit der Brühe aufgießen. 15 Min. köcheln. **Pürieren.** Langsam Sahne oder Milch zugeben, nicht mehr kochen lassen. Mit Salz, Pfeffer und Muskatnuss würzen. Mit gehackten Petersilienblättern bestreuen.

1 Zwiebel • 4 EL Öl
500 g Petersilienwurzel (ersatzweise Sellerieknolle) • ¾ l Brühe
500 ml Sahne oder Vollmilch
Pfeffer, Salz, Muskatnuss
3 Stängel Petersilie

Das Märchen von Rapunzel

Es waren einmal ein Mann und eine Frau, die wünschten sich schon lange ein Kind. Endlich fühlte die Frau, dass sie bald eines haben sollten. Da war der Mann so glücklich, dass er seiner Frau jeden Wunsch erfüllen wollte.

Durch ein kleines Fenster in ihrem Haus konnten sie auf einen prächtigen Garten sehen, der voll der schönsten Blumen und Kräuter stand. Niemand wagte jedoch hineinzugehen, da der Garten einer Zauberin gehörte, die jedermann fürchtete.

Eines Tages sah die Frau durch das Fenster ein Beet mit den schönsten Rapunzeln – da überkam sie das Verlangen, dass sie von diesen essen wollte. Der Mann wollte sein Versprechen halten und seine Frau glücklich machen, so stieg er über die Mauer, stach in aller Eile ein paar Rapunzeln und brachte sie seiner Frau. Die machte sich daraus einen Salat, der ihr so gut schmeckte, dass ihr Verlangen gleich dreimal größer wurde und sie ihren Mann abermals in den Garten schickte. Der Mann nahm wieder seinen ganzen Mut zusammen und stieg über die Mauer. Als er gerade die Rapunzeln einstecken wollte, erschrak er gewaltig, denn auf einmal stand die Zauberin vor ihm. Sie war sehr zornig, und er hatte Angst, dass sie ihn verzaubern würde und er seine Frau niemals wiedersehen sollte. Die Zauberin verlangte, dass er ihr das

Kind überlassen würde, sobald es geboren wurde. In seiner Not versprach er es ihr, und sie ließ ihn gehen. Kurz nach der Geburt des kleinen Mädchens erschien die Zauberin und nahm das Kind mit, das sie von nun an Rapunzel nannte.

Sie wurde das schönste Kind unter der Sonne, doch als sie zwölf Jahre alt war, ließ die Zauberin einen Turm bauen, der keine Treppe hatte und in dem Rapunzel wohnen sollte. Das Mädchen hatte langes goldenes Haar, das, wenn sie die Zöpfe löste, vom Turmfenster den ganzen großen Turm hinunter bis zum Boden fiel. Immer wenn die Zauberin das Mädchen besuchte, rief sie: „Rapunzel, Rapunzel, lass dein Haar herunter!", und stieg dann daran hinauf.

Nach ein paar Jahren trug es sich zu, dass ein Königssohn an dem Turm vorbeiritt und das Mädchen singen hörte. Er war von ihrem Gesang so angetan, dass er jeden Tag vorbeikam und zuhörte. Da bemerkte er auch, wie die Zauberin in den Turm gelangte. Am nächsten Tag kam er wieder vorbei und rief auch: „Rapunzel, Rapunzel, lass dein Haar herunter!" und kletterte nach oben. Rapunzel war zuerst sehr erschrocken, als sie den Mann sah, doch er war so freundlich und gut, dass sie sich bald in ihn verliebte und seine Frau werden wollte. Sie machten Pläne, wie sie fliehen konnten. So sollte er bei jedem Besuch eine Seidenschnur

mitbringen. Sie wollte daraus eine Leiter stricken und sich daran herablassen. Doch eines Tages sagte sie zur Zauberin „Sag sie mir doch, gute Frau, wie kommt es nur, sie wird mir viel schwerer heraufzuziehen als der junge Königssohn", da wurde die Zauberin so böse, dass sie ihr die Zöpfe abschnitt und Rapunzel in eine Wüste brachte, wo sie in großem Elend leben musste.

Als nun der Königssohn Rapunzel wieder besuchen wollte, so erwartete ihn bereits die Zauberin, die ihn mit giftigen Blicken ansah und sagte: „Du hast Rapunzel verloren und wirst sie nie wiedersehen."

In seinem Kummer stürzte er sich vom Turm, fiel in eine Dornenhecke und die Dornen zerstachen ihm die Augen, so dass er blind wurde. Nun irrte er im Wald umher, ernährte sich von Wurzeln und Beeren und geriet endlich in die Wüste, in der Rapunzel mit den Zwillingen lebte, die sie inzwischen geboren hatte. Er erkannte sie sofort an ihrer lieblichen Stimme und sprach sie an. Auch Rapunzel erkannte ihn und umarmte ihn weinend. Da fielen zwei ihrer Tränen in seine blinden Augen. Sie wurden klar und er konnte wieder sehen. Er führte sie in sein Reich und sie lebten mit ihren Kindern bis an ihr Lebensende in seinem Schloss.

Kein Märchen: Kinder wollen Lebensmittel mit allen Sinnen erfahren

Während Erwachsene beim Einkaufen meist auf den Preis der Lebensmittel achten, erfahren Kinder Lebensmittel mit allen Sinnen. Sie wollen sie anfassen, daran riechen und am liebsten gleich probieren. Dieses eigentlich normale Verhalten wird natürlich im Supermarkt oder auf dem Markt nicht so gern gesehen. Aber die Kokosnuss schütteln, um zu hören, ob sie gluckert (also noch Kokosmilch enthält und frisch ist), ist erlaubt. Auch das Klopfen an der Wassermelone kann niemand verwehren, denn nur wenn sie hohl klingt, ist sie auch reif.

Ansonsten verlegen Sie das Anfassen, Schnuppern und Probieren auf das Auspacken zuhause. Räumen Sie nicht gleich alles weg, sondern betrachten Sie mit den Kindern Obst und Gemüse erst mal von allen Seiten, lassen Sie sie daran riechen und ein paar Stückchen probieren. Machen Sie daraus ein Spiel: Wer kann ohne Hinzuschauen Gemüse, Obst oder Kräuter richtig durch Schmecken und Riechen erraten? Bei Tisch sollten Kinder möglichst nicht schmatzen, aber beim Geschmackstest kann man eine Ausnahme machen ...

Rezepte für Salate

Frösche-Schreck

Blattsalat mit leckerem Dressing

Den Salat und die Kräuter waschen, klein schneiden oder zupfen und mit Salatschleuder oder Küchentuch trockenschütteln.
Alle Zutaten für das Dressing gut miteinander verrühren oder in ein fest verschließbares Glas geben und durchschütteln.

✘ *Tipp: Ein alter Trick zum Trocknen von Salat: Salatblätter (oder Kräuter) fest in ein sauberes, trockenes Küchentuch einwickeln, das Tuch an beiden Enden gut festhalten und schleudern – möglichst aber auf dem Balkon oder im Garten, denn es fliegen Wassertröpfchen!*

1 Kopf Blattsalat oder Eisbergsalat oder anderer Salat (je nach Wunsch)

für das Dressing: 1 Handvoll frische Kräuter wie Petersilie, Schnittlauch etc. • 1 TL Salz
1 ½ TL Zucker • 2 EL Öl
1 EL Zitronensaft • ½ TL Senf
1 TL Milch oder Sahne

Allerlei

Italienischer Nudelsalat

Vorbereitung: Pinienkerne in einer trockenen Pfanne leicht bräunen. Auf einem Teller abkühlen lassen.
Nudeln in Salzwasser kochen, abschrecken. Rucola waschen. Den abgetrockneten Rucola, den Mozzarella und den Schinken klein schneiden. Alles in einer Schüssel gut mischen.
Saucenzutaten verrühren und über den Salat gießen.

✘ *Tipp: Wer möchte, kann noch 100 g eingelegte getrocknete Tomaten klein schneiden und dazugeben.*

50 g Pinienkerne
250 g kleine Nudeln
1 Handvoll Rucola
200 g Mozzarella • 150 g Schinken
Salz, Pfeffer

für die Sauce: 75 ml Olivenöl
3 EL Balsamico • je 1 TL Pesto, Senf und Honig

Goldschatz
Kartoffelsalat

1 kg Pellkartoffeln
(festkochend)
1 EL Salz
1 Zwiebel
1 säuerlicher Apfel
4 Gewürzgurken
je ½ Bund Frühlingszwiebeln
und Schnittlauch
Pfeffer, Salz

für das Dressing:
2 TL Senf
3 TL Zucker
50 ml Essig
100 ml Öl

Vorbereitung: Kartoffeln mit Schale in reichlich Salzwasser gar kochen.
Die Kartoffeln abgießen und lauwarm pellen. Zwiebel und Apfel schälen, ganz klein schneiden. Gurkenglas öffnen, Inhalt in ein Sieb gießen, Flüssigkeit auffangen, 100 ml davon beiseitestellen. Gurken und Kartoffeln würfeln. Schnittlauch in Röllchen schneiden.
Alle Dressingzutaten und Zwiebel in ein großes Glas füllen, gut verschrauben und so lange kräftig schütteln, bis eine milchige Flüssigkeit entsteht.
Kartoffeln, Apfelstücke und Gurke in eine große Schüssel schichten, mit Salatdressing übergießen, abschmecken und ein paar Stunden ziehen lassen. Vor dem Servieren nochmals abschmecken und mit Schnittlauch und Frühlingszwiebeln mischen.

✕ *Tipp: Die meisten Salate ergeben mit einem Würstchen oder einem Stück Brot eine Mahlzeit und passen auch gut zum Kindergeburtstag oder zu einer Halloween-Party.*

Zauberschüssel
Wurstsalat

1 Zwiebel • 8 Radieschen
4 Gewürzgurken
400 g Geflügelwürstchen
½ Bund Schnittlauch

für das Dressing: 3 EL Senf • je
1 EL Essig und Öl • Pfeffer, Salz

Zwiebel und Radieschen schälen bzw. putzen und zusammen mit den Gurken klein schneiden. Wurst in Scheibchen schneiden. Schnittlauch waschen, trockenschütteln, in Röllchen schneiden.
Dressingzutaten in einer großen Schüssel verrühren. Wurst mit Zwiebel, Radieschen und Gurken in die Schüssel geben und gut mit dem Dressing vermischen. Vor dem Servieren 15 Min. ziehen lassen.

Turmsalat
Warmer Kartoffelsalat

Vorbereitung: Kartoffeln mit Salz kochen, noch warm pellen, in dünne Scheiben schneiden.

Zwiebeln schälen und wie den Speck würfeln, beides in zwei verschiedenen Pfannen anbraten (die Zwiebelwürfel in etwas Öl). Schnittlauch in Röllchen schneiden. Brühe erhitzen. Warme Kartoffeln und gebratene Zwiebelwürfel abwechselnd in einer Schüssel vorsichtig mischen.

Brühe mit Pfeffer, Salz (vorsichtig!) und Essig würzen, über die Kartoffeln gießen, 15 Min. ziehen lassen. Speckwürfel mit dem Bratfett über die Kartoffeln geben, den Schnittlauch dazugeben, alles gut vermischen und sofort servieren.

✗ *Tipp: Manche Kinder mögen keinen geräucherten Speck. Lassen Sie ihn einfach weg oder ersetzen Sie ihn durch Schinkenwürfel.*

1 ½ kg Kartoffeln (festkochend)
4 Zwiebeln
150 g Speck (geräuchert)
2 EL Öl
1 Bund Schnittlauch
375 ml Fleischbrühe
Pfeffer, Salz
8 EL Weinessig

Holterdiepolter
Apfel-Möhren-Salat

Möhren waschen und mit der Gemüsebürste abschrubben. Äpfel entkernen, nicht schälen. Beides auf einer Reibe oder in der Küchenmaschine fein raspeln. Zwiebeln fein hacken. Orangen oder Mandarinen schälen und klein schneiden, Trauben nur waschen. Alle Zutaten miteinander vermischen. Saucenzutaten verrühren und darübergießen, gut verrühren und 1 Stunde ziehen lassen. Vor dem Servieren nochmals abschmecken und mit den gehackten Nüssen bestreuen.

✗ *Tipp: Wer den Salat süßer mag, lässt Zwiebel und Walnüsse weg und nimmt dafür noch je eine Handvoll Rosinen und gehackte Mandeln.*

1 kg Möhren • 3 große Äpfel
1 Gemüsezwiebel • 2 Orangen
oder 4 Mandarinen oder 2 Handvoll blaue Trauben • 1 Handvoll
Wal- oder Haselnüsse, fein gehackt

für die Sauce: 300 g Vollmilch-Joghurt • 1 EL gutes Öl z. B. Walnuss oder Sesamöl • Pfeffer, Salz
1 TL Honig • Zitronensaft

Das Märchen von Schneewittchen

Es war einmal eine Königin, die saß im Winter an ihrem Fenster, das einen Rahmen von schwarzem Ebenholz hatte, und nähte. Und wie sie so aus dem Fenster auf den Schnee blickte, stach sie sich in den Finger, und es fielen drei Tropfen Blut in den Schnee. Da dachte sie bei sich: Ach, hätte ich doch ein Kind so weiß wie Schnee, so rot wie Blut und so schwarz wie das Holz an dem Fensterrahmen. Bald darauf sollte ihr Wunsch in Erfüllung gehen und sie gebar eine Tochter, die war so weiß wie Schnee, so rot wie Blut und so schwarz wie Ebenholz und wurde darum Schneewittchen genannt.

Und wie das Kind geboren war, so starb die Königin, und der König nahm sich über´s Jahr eine andere Gemahlin. Diese war jedoch stolz und eitel und konnte es nicht ertragen, dass jemand schöner sein sollte als sie. Sie hatte einen Zauberspiegel, den sie von Zeit zu Zeit fragte: „Spieglein, Spieglein an der Wand, wer ist die Schönste im ganzen Land?" So antwortete der Spiegel: „Frau Königin, Ihr seid die Schönste im Land." Da war sie zufrieden.

Schneewittchen aber wuchs zu einem bildschönen Mädchen heran, und eines Tages, als die Königin wieder ihren Spiegel befragte, sagte der Spiegel: „Frau Königin, Ihr seid die Schönste hier, aber Schneewittchen ist tausendmal schöner als Ihr!" Da wurde die Königin so böse, dass sie dem Jäger befahl, das Mäd-

chen in den Wald zu führen und dort zu erschießen. Dieser brachte es jedoch nicht übers Herz und ließ Schneewittchen im Wald laufen.

Schneewittchen lief über sieben Berge und kam endlich an ein kleines Haus. Sie ging hinein, um sich auszuruhen, und sah, dass alles sehr klein war und sieben Bettchen darin standen und auf dem kleinen Tisch sieben Gedecke lagen. Sie aß von jedem Tellerchen ein bisschen, trank aus einem Becherchen und legte sich schließlich in eins der sieben Bettchen.

Als nun abends die Bewohner des Häuschens, die sieben Zwerge, nach Hause kamen, zündeten sie ihre sieben Lichtlein an und bemerkten, dass jemand in ihrem Haus gewesen war. Einer fragte: „Wer hat von meinem Tellerchen gegessen?", ein anderer: „Wer hat aus meinem Becherchen getrunken?" Da sahen sie das Schneewittchen schlafen und wunderten sich, wie so ein schönes Mädchen in ihr Haus gekommen war. Als Schneewittchen erwachte, erzählte sie den Zwergen was ihr widerfahren war, und die Zwerge boten ihr an, bei ihnen zu bleiben. So kochte und putzte Schneewittchen für die Zwerge und sie lebten glücklich und zufrieden.

Eines Tages aber befragte die Königin wieder ihren Zauberspiegel, da antwortete er ihr: „Frau Königin,

Ihr seid die Schönste hier, aber Schneewittchen bei den sieben Zwergen hinter den sieben Bergen ist noch tausendmal schöner als Ihr!" Da fasste sie den Plan, Schneewittchen zu töten, verkleidete sich als Krämerin, ging zum Haus der sieben Zwerge und rief: „Schöne Ware feil! Schnürriemen in allen Farben!" Schneewittchen kaufte ohne Arg einen Schnürriemen und ließ sich zugleich mit ihm schnüren, aber die Alte schnürte so fest, dass Schneewittchen der Atem verging und es für tot hinfiel.

Als nun die Zwerge nach Hause kamen, erschraken sie sehr, als sie ihr liebes Schneewittchen liegen sahen und hoben es hoch. Da erkannten sie, dass es zu fest geschnürt war, und schnitten den Riemen entzwei, da wurde Schneewittchen wieder lebendig.
Die böse Königin aber trat zuhause abermals vor den Spiegel, und das Blut wollte ihr stocken, als der Spiegel wieder sprach: „Frau Königin, Ihr seid die Schönste hier, aber Schneewittchen bei den sieben Zwergen hinter den sieben Bergen ist noch tausendmal schöner als Ihr!"

Da verkleidete sie sich als altes Weib und nahm einen vergifteten Kamm mit sich. Schneewittchen erkannte die Königin nicht und ließ sich die schönen Kämme zeigen. Die Alte sprach: „Nun will ich dich aber einmal ordentlich kämmen", nahm den vergifteten Kamm und stieß ihn so fest in Schneewittchens Haar, dass das Gift wirkte und sie ohne Besinnung niederfiel. Abends kamen die Zwerge nach Hause und sahen ihr geliebtes Schneewittchen wieder wie tot auf der Erde liegen.

Sie fanden den giftigen Kamm, zogen ihn heraus, und Schneewittchen kam wieder zu sich und erzählte, was vorgefallen war. „Du darfst niemanden mehr hereinlassen", warnten die Zwerge das Kind.

Im Schloss aber trat die Königin wieder vor den Spiegel, und wieder sagte der Spiegel: „Frau Königin, Ihr seid die Schönste hier, aber Schneewittchen bei den sieben Zwergen hinter den sieben Bergen ist noch tausendmal schöner als Ihr!" Da zitterte und bebte sie vor Zorn.

Sie machte einen giftigen Apfel, verkleidete sich als Bauersfrau und ging wieder zum Haus der sieben Zwerge. Das Schneewittchen war jedoch auf der Hut und sagte, dass sie niemanden hineinlassen könne. Da reichte ihr aber die Alte den schön glänzenden, vergifteten Apfel durchs Fenster, und Schneewittchen sagte wieder, sie könne nichts annehmen. „Fürchtest du dich vor Gift?", sprach die Alte. „Sieh, ich teile den Apfel in zwei Hälften, die weiße esse ich, die rotbackige will ich dir schenken." Da glaubte das Schneewittchen, dass sie ihr kein Leid tun wollte. Nun war der Apfel aber so gemacht, dass nur in der rotbackigen Hälfte das Gift war, und kaum hatte Schneewittchen einen Bissen davon getan, fiel sie tot um, und dieses Mal konnten die Zwerge sie nicht retten. Sie weinten sehr und bauten einen gläsernen Sarg, damit jeder sehen konnte, wie schön Schneewittchen war.

Da begab es sich, dass ein Königssohn am Haus vorbei ritt und Schneewittchen in ihrem Glassarg sah. Sofort verliebte er sich in das schöne Mädchen und bedauerte es sehr. Er bat die Zwerge, ihm den Sarg zu überlassen. Als die Zwerge seine ehrliche Liebe sahen, hatten sie Mitleid mit ihm und gaben ihm den Sarg. Die Diener trugen den Sarg auf ihren Schultern fort, da stolperte einer über eine Wurzel, und von der Erschütterung fuhr der giftige Apfelbissen aus Schneewittchens Kehle. Das Mädchen öffnete die Augen, richtete sich auf und war wieder lebendig. Und als sie den Prinzen sah, verliebte auch sie sich in ihn und folgte ihm auf sein Schloss. Zu ihrer Hochzeitsfeier waren natürlich auch die Zwerge eingeladen. Doch die böse Königin wurde für immer vertrieben.

Kein Märchen: Küchenhelfer schützen Kinderfinger

Auch wenn wir alles mit einem einzigen scharfen Messer schälen und schneiden können, gibt es viele Küchenhelfer, mit denen Kinder besser und gefahrloser hantieren können. Dazu gehören:

❉ ein **Fingerschutz**, erhältlich in verschiedenen Ausführungen, der die Finger beim Schneiden, Reiben und Hobeln schützt.

❉ die **Kräuterschere**, die mehrere, nebeneinander angeordnete Klingen hat. Außer Kräutern schneidet sie Wurst und Käse in feine Streifen, ohne dass die kleinen Finger in Gefahr sind.

❉ ein **Scheibenschneider**, der das Schneiden von Eiern, Gurken, Möhren, Obst, Mozzarella und Tomaten erleichtert. Er erinnert an den Eier-Schneider von früher, nur dass er in einen Auffangbehälter eingebaut ist und die Klingen im Deckel verborgen sind. Außerdem kann man das geschnittene Obst oder Gemüse ohne Kleckern gleich in die Pfanne oder die Salatschüssel geben. Praktisch!

❉ der **Zwiebelhalter** (der wie ein Kamm aussieht)

❉ ein elektrischer **Dosenöffner**, mit dem sich Dosen ohne Muskelkraft und schartige Ränder öffnen lassen

❉ eine **Kräuter- oder Nussmühle** zum Reiben von Nüssen, Käse, Brot (für Semmelbrösel), Möhren oder Äpfeln – besser als die Gemüse-Reibe, bei der die Fingerkuppen ständig in Gefahr sind und die einen gewissen Kraftaufwand erfordert

❉ ein **Eiertrenner**, der zuverlässig und ohne Kleckerei Eiweiß und Eigelb trennt

❉ eine **Salatschleuder**, in der gewaschene Salatblätter schneller trocken werden und nicht die Salatsauce verdünnen – besonders Jungen lieben das Gerät – genau wie:

❉ den **Kirsch-Entsteiner, Apfelausstecher** und die **Apfelschäl-Maschine**.

Alle Geräte kosten nur wenige Euro (und sind auch schöne Geschenke), genau wie eine passende Kinderschürze oder Topflappen!

Rezepte für Hauptgerichte

Prinzenmahl
Hähnchen einmal ganz anders

1 Hähnchen (ohne Innereien)
1 leere Getränkedose
2 EL Sojasauce
1 EL Honig
1 EL Öl
1 EL Rosenpaprika
Salz, Pfeffer
1 Zwiebel

Vorbereitung: Hähnchen innen und außen waschen, mit Küchenpapier trockentupfen, Zwiebel putzen, Dose mit Wasser füllen und mit Alufolie umwickeln. Ofen auf 150 °C vorheizen.

Sojasauce, Honig, Öl und Gewürze verrühren, Hähnchen damit einreiben und auf die Dose setzen. In den Hals die Zwiebel stecken. Auf das Backblech stellen und 60 Min. im Ofen garen. Dann auf 180 °C stellen und so lange im Ofen lassen, bis das Hähnchen knusprig ist (je nach Größe 10–20 Min.).

Jägerschmaus
Hühnerflügel *shake'n bake*

pro Person und Appetit:
2–4 Hühnerflügel
Salz, Pfeffer
1 EL Mehl

Vorbereitung: Flügel abwaschen, mit Küchenpapier trockentupfen. In einer Plastiktüte 1 EL Mehl mit 1 TL Salz und ½ TL Pfeffer mischen. Backblech mit Backpapier belegen.

Ofen auf 180 °C vorheizen. Einen Flügel in die Tüte legen, Tüte aufblasen, fest zuhalten und die Tüte gut schütteln. Auf diese Weise alle Flügel im Mehlmix schütteln, dann auf das Backpapier legen und ca. 25 Min. im Ofen backen.

Sind die Flügel knusprig, vorsichtig das Blech herausnehmen. Eine Serviette um das Flügelgelenk wickeln und zünftig aus der Hand essen.

Wichtelmann
Kartoffelsuppe mit Würstchen

Zwiebeln schälen und würfeln, Kartoffeln schälen und klein schneiden, Wiener in Scheiben, Schnittlauch in Röllchen schneiden.

Öl in einem großen Topf erhitzen, Zwiebeln und Schinkenwürfel darin anbraten, mit Brühe ablöschen, Kartoffeln zugeben, mit Majoran und Liebstöckel würzen, aufkochen und etwa 15–20 Min. köcheln, bis die Kartoffeln weich sind.

Suppe mit dem Stabmixer pürieren, dabei den Schmand zugeben. Mit Salz, Pfeffer und Muskat abschmecken. Auf Teller verteilen, Würstchen und Schnittlauch in der Suppe servieren. Mit einer Scheibe Brot ist dies ein sättigendes Hauptgericht.

✗ *Tipp: Statt frischen Kartoffeln kann man auch Reste vom Vortag nehmen. Dadurch verkürzt sich die Kochzeit um etwa 10 Min.*

Gut zu wissen:

Können wir uns ein Leben ohne Kartoffeln vorstellen? Eigentlich nicht. Dabei mussten die Bauern um 1745 von König Friedrich II. (Friedrich der Große) erst durch ein Gesetz gezwungen werden, zehn Prozent ihrer Anbaufläche mit Kartoffeln zu bepflanzen. Und erst nach einigen Hungersnöten wurde die Kartoffel, die auch auf schlechtem Boden wächst, allgemein als Nahrungsmittel anerkannt.

Heute zählt die Einführung der Kartoffel zu den innenpolitischen Großtaten des Preußenkönigs. Bauern legen jedes Jahr am Geburtstag vom „Alten Fritz" sogar Kartoffeln auf sein Grab, um ihm zu danken.

1 Zwiebel
500 g Kartoffeln
(mehlig kochend)
4 Wiener
1 Bund Schnittlauch
100 g Schinkenwürfel
1 EL Öl
1 TL Majoran
½ TL Liebstöckel
1 l Brühe
100 g Schmand
Salz, Pfeffer
Muskat

Sieben Lichtlein
Käse-Spätzle

500 g Mehl
4 Eier
1 EL Öl
2 Zwiebeln
1 EL Butter
200 g geriebener Käse
200 g Speck- oder
Schinkenwürfel

Vorbereitung: Einen Krug oder großen Messbecher mit kaltem Salzwasser füllen. In eine Schüssel das Mehl und die Eier geben und nach und nach so viel Salzwasser zugeben, dass ein fester Teig entsteht. 20 Min. ruhen lassen.
Inzwischen Wasser und Öl in einem großen Topf erhitzen. Teig in kleinen Portionen mit dem Spätzlehobel oder einer Kartoffelpresse ins kochende Salzwasser drücken. Kurz aufkochen lassen, mit dem Schaumlöffel herausnehmen, kurz im Salzwasser abschrecken, wieder mit dem Schaumlöffel herausnehmen und abtropfen lassen.
Die Zwiebeln schälen, in kleine Würfel schneiden und in einer Pfanne mit etwas Butter anbraten. Den Backofen auf 180 °C vorheizen.
In eine feuerfeste, gefettete Form abwechselnd Spätzle mit geriebenem Käse, gebratenen Zwiebeln und Speckwürfelchen schichten. Kurz backen, bis sich der Käse „zieht".

✂ *Tipp: Spätzle schmecken aber auch toll nur mit zerlassener Butter, mit in Butter gebräunten Semmelbröseln oder in einer Suppe.*

Gut zu wissen:
Seit Jahrhunderten streiten sich Schwaben, Italiener und Chinesen darüber, wer die Nudeln erfunden hat. Jetzt haben Forscher in China die Reste eines 4 000 Jahre alten Hauses gefunden. In den Ruinen entdeckten sie eine Schale mit Nudelresten! Diese waren allerdings aus Hirse. In Italien und bei uns werden Nudeln jedoch hauptsächlich aus Weizenmehl hergestellt.
Wenn sie schon nicht die Nudeln erfunden haben, so haben die Italiener aber die Pizza erfunden. Es war 1889 der Koch Raffaele Esposito, der sie in Neapel König Umberto I. und seiner Frau Margherita serviert hat.
Lust auf Pizza? Auf S. 80 gibt's tolle Rezepte!

Spieglein an der Wand
Schneller Kartoffelpüree-Auflauf

Paprika von Strunk und Kernen befreien, Zwiebeln schälen, alles klein schneiden. Käse reiben, Tomatendose öffnen. Kartoffelpüree nach Anweisung auf der Packung zubereiten (oder frisch zubereiten: S. 90), allerdings ungefähr ein Viertel weniger Milch verwenden, als dort angegeben ist. Gut aufpassen, dass es nicht anbrennt!
Eine flache Auflaufform einfetten. Backofen auf 200 °C vorheizen.
Paprika und Zwiebeln in einer Pfanne mit Öl dünsten. Hackfleisch dazugeben, 5 Min. braten und dabei mit einer Gabel so lange rühren, bis das Hackfleisch krümelig wird. Gewürze und Tomaten zugeben, noch 5 Min. schmoren lassen. In das nicht mehr heiße Kartoffelpüree schnell die Eier rühren, mit Muskat würzen. Hackfleischmasse in die Auflaufform füllen, mit Kartoffelpüree abdecken. Mit geriebenem Käse und Semmelbrösel bestreuen, darauf die Butter-Flöckchen setzen. Etwa 30 Min. backen.
✗ *Tipp: Das Gericht lässt sich gut vorbereiten. Dann nur 15 Min. backen, im Kühlschrank aufbewahren und vor der Mahlzeit weitere 20 Min. backen.*

je 1 Paprika, grün und gelb
3 Zwiebeln
3 EL Öl
750 g Hackfleisch (gemischt)
Salz, Pfeffer
je 1 TL Rosenpaprika und
Oregano oder Basilikum,
1 kleine Dose geschälte
Tomaten (ca. 400 g)
2 Beutel Kartoffelpüreepulver
Milch – nach Packungsangabe
2 Eier
1 Prise Muskat
100 g Emmentaler (gerieben)
1 EL Semmelbrösel
1 EL Butter

Zwergentopf
Gemüseeintopf mit Hackfleisch

Vorbereitung: Zwiebel, Lauch und Möhren schälen bzw. putzen und klein schneiden. Kartoffeln schälen und würfeln.
Öl in einer großen Pfanne erhitzen, das Hackfleisch darin anbraten und so lange rühren, bis es krümelig ist. Gemüse zugeben und kurz mit anbraten, mit Brühe ablöschen, aufkochen und dann zugedeckt etwa 15 Min. köcheln, bis alles weich ist. Mit Pfeffer und Salz abschmecken.

1 Zwiebel
1 Stange Lauch
je 500 g Möhren und Kartoffeln
400 g gemischtes Hackfleisch
3 EL Öl
750 ml Brühe
Pfeffer, Salz

Zwergentellerchen
Pfannkuchen

2 Eier
100 g Mehl
150 ml Milch
100 ml Mineralwasser
(kohlensäurehaltig)
Öl zum Ausbacken

Vorbereitung: Eier mit allen Zutaten verquirlen. 15 Min. ruhen lassen. Backofen auf 50 °C vorheizen.

Öl in einer Pfanne erhitzen, eine Schöpfkelle voll Teig in die Pfanne gießen. Wird der Teig am Rand fest, Pfannenheber vorsichtig unter den Pfannkuchen schieben, mit Schwung umdrehen und auf der anderen Seite backen. Die fertigen Pfannkuchen im Backofen warm halten. Mit Kompott (S. 18) oder Zucker bestreut servieren.

✕ *Tipp: Schmeckt auch gut mit Spinat (siehe nachfolgendes Rezept)!*

Schneewittchenspeise
Rahmspinat im Pfannkuchen

1 Zwiebel
2 EL Öl
600 g Blattspinat
(TK oder frisch)
150 ml Brühe
200 g Crème fraîche
Pfeffer, Salz, Muskat

Spinat waschen und putzen (TK-Ware auftauen), Zwiebeln schälen und würfeln. Zwiebel in Öl dünsten, mit Brühe und Crème fraîche ablöschen. Spinat tropfnass zugeben, aufkochen. Zugedeckt bei kleiner Hitze 10 Min. garen. Ab und zu umrühren. Würzen.
In der Zwischenzeit Pfannkuchen wie im Rezept oben zubereiten und warm stellen.
Auf jeden Pfannkuchen einen Klecks Spinat geben, aufrollen und dann Spinat-Pfannkuchen-Scheiben abschneiden. Dieser Spinat schmeckt auch gut zu Kartoffelbrei und Bandnudeln.

Weiß wie Schnee
Herzhafter Grießschmarren

Wasser kochen. Grieß in einen Kochtopf füllen und so viel heißes Wasser zugießen, bis es etwa 1 cm hoch über dem Grieß steht. 30 Min. auf kleiner Flamme quellen lassen. Eier verquirlen, Zwiebel, Speck oder Wurst würfeln und anbraten.
Überstehendes Wasser aus dem Grießtopf abgießen. Eier und alle anderen Zutaten in den Grieß rühren. In einer Pfanne mit etwas Butter bei kleiner Hitze unter ständigem Rühren stocken lassen, also fest werden lassen. Mit Salat servieren.

150 g Hartweizengrieß
3 Eier
1 Zwiebel
50 g Speck oder Wurst
250 ml Milch
1 EL Butter
Pfeffer, Salz, Muskat

Rot wie Blut
Chili con Carne

Zwiebel und Knoblauch putzen und klein schneiden, Bohnen- und Tomatendose öffnen, Petersilie waschen, trocknen und klein schneiden.
Öl in einem Topf erhitzen, Zwiebel und Knoblauch darin anbräunen, Hackfleisch zugeben, solange mit der Gabel rühren, bis es krümelig geworden ist. Gewürze zugeben. Tomatenmark, Brühe und Tomaten zugeben, aufkochen und zugedeckt 10 Min. köcheln lassen. Bohnen zugeben und nochmals 10 Min. köcheln lassen. Petersilie und Joghurt unterrühren, mit Chips servieren.

1 Zwiebel • 1 Knoblauchzehe
2 EL Öl • 400 g Rinderhack
1 TL Oregano • Salz, Pfeffer
1 TL Kreuzkümmel, gemahlen
1 EL Tomatenmark • 1 Dose gehackte Tomaten (ca. 800 g)
750 ml Gemüsebrühe
2 kleine Dosen rote Kidneybohnen (Abtropfgewicht 225 g)
4 Stängel Petersilie
125 g Joghurt
100 g Tortillachips (Tüte oder selbstgemacht – S. 82)

Schwarz wie Ebenholz
Gulasch im Römertopf

500 g Gulaschfleisch
vom Schwein
je 2 Zwiebeln und grüne Paprika
2 EL Sonnenblumenöl
Salz • 1 EL Tomatenmark
1 EL Rosenpaprika
500 ml Brühe
2 TL Speisestärke
250 ml Schmand oder
saure Sahne

Vorbereitung: Römertopf und Deckel mit kaltem Wasser füllen, Fleisch abwaschen, mit Küchenpapier trockentupfen, in gleich große Würfel schneiden. Zwiebeln pellen, in Scheiben schneiden. Paprika waschen und entkernen, in kurze Streifen schneiden. Brühe erhitzen.

Öl in einer Pfanne zerlassen, Fleisch darin anbraten, Zwiebeln und Paprika zugeben. Mit Salz, Tomatenmark und Paprika würzen. Wasser aus dem Römertopf abgießen. Alles aus der Pfanne in den Römertopf schütten, die heiße Brühe dazugießen. Deckel auf den Topf setzen und in den kalten Backofen auf den unteren Rost setzen. Dann erst den Backofen auf 180 °C einstellen und den Gulasch im Römertopf etwa 70 Min. garen.

Speisestärke mit Schmand oder saurer Sahne verrühren und in die Gulaschsauce rühren. Jetzt noch 15 Min. weiter garen lassen. In der Zwischenzeit die Beilagen zubereiten: z. B. Kartoffeln schälen und kochen, Nudeln oder Reis kochen. Das Gulasch schmeckt aber auch gut zu einem Stück Landbrot.

Hinter den sieben Bergen
Linsen mit Spätzle

1 gr. Dose Linsen mit Suppengrün • Pfeffer, Salz • Essig
4 Wiener • 500 g Spätzle (aus dem Kühlregal oder selbst gemacht, S. 42)

Dose öffnen und in einen Topf umfüllen. Linsen langsam erhitzen, mit Pfeffer und Salz und etwas Essig abschmecken, die Wiener in den Linsen erhitzen. Spätzle nach den Angaben auf der Packung erhitzen. Selbstgemachte Spätzle in heißer Butter schwenken. Linsen mit Würstchen auf Teller verteilen, die Spätzle dazu reichen.

Zwergenbettchen
Fischauflauf

Vorbereitung: Fisch salzen, mit Zitronensaft einreiben, Auflaufform fetten.
Butter in einem Topf zerlassen, Mehl und Senf zugeben, verrühren, mit Brühe und Sahne ablöschen, aufkochen, würzen, Reis oder Brei würzen, in die Auflaufform füllen, Fischfilets darauflegen und mit Sauce übergießen. Im Backofen bei 180°C etwa 15 Min. überbacken.

Gut zu wissen: Fisch ist nicht nur ein wichtiger Lieferant von Jod und der wichtigen mehrfach ungesättigten Omega-3-Fettsäuren, er schmeckt auch noch gut und ist schnell zubereitet.
Kinder sind jedoch nicht immer leicht mit einem Fischgericht zu überzeugen. Gegebenenfalls weichen Sie auf die beliebten Fischstäbchen aus. Werden Fischstäbchen im Backofen zubereitet, sind sie auch nicht so fettig, wie wenn sie frittiert oder in der Pfanne gebraten wurden.
Oder schneiden Sie ein Stückchen vom Fischfilet ab (Schwanzstück) und lassen Sie das Kind „sein Fischstäbchen" selbst panieren, bevor es gebraten wird.

Und noch ein Öko-Tipp: Unsere Meere sind inzwischen ziemlich leer gefischt. Gerade die Bestände der beliebten Fischsorten wie Rotbarsch, Scholle, Tunfisch nehmen immer mehr ab. Deshalb sollte man nach Möglichkeit z. B. auf Karpfen oder Forellen aus regionalen Öko-Aquakulturen ausweichen. Bei Exporten, wie z. B. Pangasius, können Sie nicht sicher sein, dass die Fische keine Antibiotika-Rückstände enthalten. Kaufen Sie bevorzugt Bioland- oder Naturland-Produkte. Bei Meeresfischen und Fischstäbchen (Seelachs) gibt das MSC-Siegel Sicherheit.

500 g Fischfilet
(frisch oder TK-Ware)
Salz
1 EL Zitronensaft
2 EL Butter
1 EL Mehl
3 EL Senf
250 ml Sahne
250 ml Brühe
Pfeffer, Paprikapulver
1 Prise Zucker
Dill
250 g gekochter Reis oder
Kartoffelbrei (auch Reste)

Prinzengabe
Nudelsauce zum Essen und Einmachen

je 500 g rote Paprika
und Zwiebeln
1 ½ kg Zucchini
2 Knoblauchzehen
1 l Ketchup (S. 108)
2 große Dosen gehackte
Tomaten (je 800 g)
400 ml Olivenöl

Vorbereitung: 6–10 große leere Gläser mit Schraubdeckeln (z. B. von Kirschen oder grünen Bohnen) in heißem Wasser waschen, Gemüse putzen, klein schneiden, Dosen öffnen.

Zwiebeln im Öl anbraten, anderes Gemüse zugeben, andünsten. Ketchup und Tomaten zugeben. 45–60 Min. köcheln lassen. Mit dem Stabmixer pürieren, kräftig würzen. Kochend heiß in die Gläser füllen, fest zuschrauben, 5 Min. auf den Kopf stellen. Dunkel aufbewahren.

Für eine Mahlzeit Nudeln, Reis oder Kartoffeln kochen, ein Glas Nudelsauce in einem Topf warm machen – fertig!

✗ *Tipp: Es können natürlich auch andere Gemüsesorten verwendet werden.*

Grün wie die Hoffnung
Zucchini-Frittata

1 normal große Zucchini
2 Zwiebeln
1 große Dose Mais
(etwa 400 g)
100 g Käse (z. B. Edamer
oder Gouda)
6 Eier
4 EL Sahne
Salz, Muskat
4 EL Öl

Vorbereitung: Zucchini schälen und in ½ cm dünne Scheiben schneiden. Zwiebeln schälen und würfeln. Maisdose öffnen und gut abtropfen lassen. Käse in kleine Würfel schneiden. Backofen auf 160 °C vorheizen.

Eier mit Sahne und Gewürzen gut verquirlen. Öl in einer großen Pfanne, die keine Plastikgriffe hat, oder in einer Auflaufform erhitzen. Zucchinischeiben darin 3 Min. braten. Zwiebeln und Mais zugeben und noch 2 Min. braten. Käsewürfel darüberstreuen. Alles schön in der Pfanne verteilen. Langsam den Eiermix über die Zucchinischeiben gießen und bei mittlerer Temperatur 5 Min. stocken lassen. **Dann die Pfanne in den Backofen stellen** und bei 160 °C noch ca. 10 Min. backen. Dazu einen grünen Salat servieren.

Tausendschön
Haselnuss-Nudeln

Nudeln in Salzwasser bissfest garen, abgießen und gut abtropfen lassen. Haselnüsse grob hacken, in einer großen Pfanne ohne Fett kurz rösten, Nudeln und die Butter zugeben und alles goldgelb anbraten. Würzen und sofort servieren.

250 g Muschelnudeln
1 Handvoll gute Haselnüsse
(z. B. die Sorte Römer aus dem Reformhaus) • 4 EL Butter
Salz • 1 Prise Muskat (am besten frisch gerieben)

Ende gut, alles gut
Schnelle Gemüse-Lasagne

TK-Gemüse in etwas Wasser 5 Min. kochen, kräftig würzen. Milch und Sahne zugeben und aufkochen. Topf vom Herd nehmen. Schmelzkäse unterrühren, bis sich der Käse aufgelöst hat. TK-Kräuter zugeben und nochmals alles mit Salz und Pfeffer kräftig abschmecken.
Eine Auflaufform einfetten. Backofen auf 200 °C vorheizen.
Boden mit den Lasagneplatten bedecken, die Gemüse-Käse-Mischung darüber verteilen, darauf wieder abwechselnd Lasagneplatten und Gemüse-Käse-Mischung schichten, bis die Auflaufform gefüllt ist. Die letzte Schicht sollten Lasagneplatten sein. Den Käse grob reiben, darüberstreuen und alles im Backofen bei 200 °C 25–30 Min. backen.

2 Pck. TK-Mischgemüse
Salz, Pfeffer
250 ml Milch
250 ml Sahne
100 g Schmelzkäse mit Kräutern
1 Pck. TK-Kräuter
200 g Hartkäse
1 Pck. Lasagneplatten (ohne vorzukochen)
1 EL Öl

✂ *Tipp: Wenn's nicht so schnell gehen muss, dann natürlich 1 kg gemischtes Gemüse (klein geschnitten und in etwas Salzwasser gegart) und je ½ Bund Schnittlauch und Petersilie nehmen!*

✂ *Tipp: Statt der Lasagneplatten kann man auch Reste von gekochten Nudeln oder gekochtem Kartoffelbrei nehmen. Dann aber die doppelte Menge Schmelzkäse verwenden.*

Das Märchen von Rumpelstilzchen

Es war einmal ein armer Müller, der war so stolz auf seine schöne Tochter, dass er sogar behauptete, sie könne aus Stroh Gold spinnen. Der König sprach zum Müller: „Das ist eine Kunst, die mir gut gefällt, wenn es wahr ist, so werde ich sie heiraten. Aber vorher will ich sie auf die Probe stellen." So wurde die Müllerstochter in eine Kammer des Schlosses gebracht, die voll mit Stroh lag, und der König sagte zu ihr: „Wenn du bis morgen früh dieses Stroh nicht zu Gold gesponnen hast, so musst du sterben."

Das arme Mädchen saß weinend vor dem Spinnrad und wusste sich nicht zu helfen. Da ging auf einmal die Tür auf und ein kleines Männlein trat herein. Es fragte sie nach ihrem Kummer, und sie erzählte ihm alles. Er versprach, ihr zu helfen, wenn sie ihm ihre Kette gäbe. Sie stimmte zu, und so spann das Männlein alles Stroh zu Gold.

Der König freute sich, als er am nächsten Tag das ganze Gold erblickte, und wollte mehr Gold haben. So ließ er die Müllerstochter in eine noch größere Kammer mit noch mehr Stroh sperren, und wieder ward ihr bange, bis das Männlein kam und ihr das Stroh zu Gold spann, weil sie ihm dafür ihren Ring gab.

Abermals war es dem König nicht genug, und so sperrte er am dritten Tag das Mädchen in eine noch größere Kammer voller Stroh. „Das musst du in dieser Nacht noch zu Gold spinnen. Gelingt es dir, so sollst du meine Gemahlin werden." Das Männlein kam zum dritten Male wieder, aber die Müllerstochter hatte nichts mehr, was sie ihm geben konnte. So verlangte er, dass sie ihm ihr erstes Kind schenken müsse. In ihrer Not versprach sie es ihm, auch weil sie nicht glaubte, dass der König sein Wort halten und sie heiraten würde.

Als nun aber der König am dritten Morgen die Kammer voll Gold fand, so hielt er sein Wort und heiratete sie, und aus der Müllerstochter wurde eine Königin. Über ein Jahr brachte sie ein Kind zur Welt und dachte gar nicht mehr an das Männlein.

Da trat es plötzlich in ihre Kammer und sie erschrak sehr. Sie bot ihm alle Reichtümer ihres Königreichs an, wenn das Männlein ihr nur ihr Kind ließe. Aber das Männlein sprach: „Nein, was du versprochen hast, das musst du auch halten." Da weinte die Königin so sehr, dass das Männlein Mitleid mit ihr hatte, und da sprach es: „Drei Tage will ich dir Zeit lassen, wenn du bis dahin meinen Namen weißt, sollst du dein Kind behalten."

Die Königin besann sich auf alle Namen, die sie kannte, und sagte sie ihm am darauffolgenden Tag. Doch immer wieder antwortete das Männlein: „So

heiß ich nicht." Da bat sie alle Untertanen, ihr die ungewöhnlichsten Namen zu nennen. Doch auch am zweiten Tag sagte das Männlein bei all diesen Namen nur: „So heiß ich nicht!" Da schickte sie einen Boten durchs Land, um neue Namen zu erfragen. Er kam zwar ohne neuen Namen zurück, erzählte aber, dass er ein kleines Männlein um ein Feuer umherspringen gesehen habe, das dabei gerufen hatte: „Heute koch ich, morgen brau ich, übermorgen hol ich der Königin ihr Kind. Ach wie gut, dass niemand weiß, dass ich Rumpelstilzchen heiß!"

Die Königin war froh, als sie den Namen hörte, und als am dritten Tage das Männlein hereintrat, fragte sie ihn erst: „Heißt du etwa Hinz?" „Nein." „Heißt du etwa Kunz?" Das Männlein lachte: „So heiß ich nicht! Nun gib mir dein Kind!" Da fragte die Königin: „Heißt du etwa Rumpelstilzchen?" „Das hat dir der Teufel gesagt! Das hat dir der Teufel gesagt!" schrie es und wurde so wütend, dass es sich in eine Rauchwolke verwandelte und verschwand. Der König, seine junge Frau und ihr Kind lebten aber glücklich und zufrieden bis an ihr Lebensende.

Kein Märchen: Vegetarische Ernährung ist gut für Kinder

In den letzten Jahren haben auch bei Kindern ernährungsbedingte Erkrankungen dramatisch zugenommen. Nicht nur Übergewicht, Diabetes, Bluthochdruck, sondern sogar Gefäßveränderungen gelten heute als „Kinderkrankheiten"! Dies kann man nach Meinung von Ernährungswissenschaftlern durch eine gesunde, ausgewogene, in Teilen vegetarische Ernährung verhindern. Das heißt, es gibt entweder kein oder nur sehr wenig Fleisch, aber neben Obst, Gemüse und Hülsenfrüchten auch Eier und Milch.

Aber keine Angst: Eltern müssen keine Ernährungsexperten sein oder ständig Nährstofftabellen wälzen, sondern einfach nur abwechslungsreich kochen. Dazu gehören abwechselnd Hülsenfrüchte, Kartoffeln, Nudeln und Reis als Beilage und Gemüse in den Ampelfarben (z. B. rot: Möhren, rote Bete; grün: Bohnen, Erbsen, Mangold, Spinat; gelb: Kürbis, Pastinaken, Sellerie).

Auch bei Obst und Salat gibt es eine so große Auswahl, dass man sich und seine Kinder mit allen Vitaminen, Mineralstoffen und Spurenelementen ausreichend versorgen kann.

Vollkorngetreide und einige Gemüsesorten enthalten sogar mehr Eisen als Fleisch oder Milch.

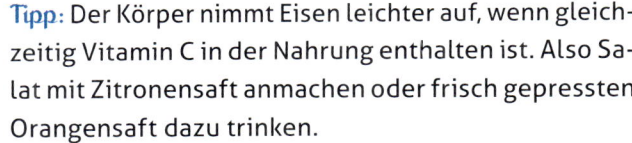

Tipp: Der Körper nimmt Eisen leichter auf, wenn gleichzeitig Vitamin C in der Nahrung enthalten ist. Also Salat mit Zitronensaft anmachen oder frisch gepressten Orangensaft dazu trinken.

Um auf der sicheren Seite zu sein, sollten Eltern neben den üblichen Vorsorgeuntersuchungen einmal jährlich auch die Versorgung der Kinder mit Eisen, Zink, Vitamin D und Vitamin B_{12} überprüfen lassen. Fachleute raten jedoch davon ab, Kinder vegan, also auch ohne Eier und Milch, zu ernähren bzw. dann die Nahrung mit Vitamin B_{12} und D zu ergänzen.

Viele Vegetarier essen gern Ersatz-Fleisch auf Soja-Basis. Dagegen ist nichts einzuwenden. Doch französische Behörden und die Deutsche Gesellschaft für Kinder- und Jugendmedizin warnen inzwischen davor, Kindern unter 3 Jahren überhaupt Sojaprodukte zu geben. Nur bei einer angeborenen Milchzuckerunverträglichkeit oder Galaktosämie ist Sojamilch akzeptabel. Beide Stoffwechselstörungen kommen jedoch nur selten vor.
Das teilweise als „Zauberbohne" gepriesene Soja ist aber auch Erwachsenen nicht uneingeschränkt zu empfehlen. Soja sollte nur in Maßen genossen werden, vor allem bei Allergieneigung oder Schilddrüsenfehlfunktion ist aufgrund der enthaltenen Phytoöstrogene Vorsicht angebracht.

Rezepte für Nachtisch oder süße Hauptgerichte

Goldspinnerin
Vanillepudding

Mark einer Vanilleschote
200 ml Sahne
300 ml Wasser
30 g Speisestärke
3 EL Zucker
1 Prise Salz

Vanilleschote mit der Schere aufschneiden, Mark in die Sahne kratzen. Sahne und Wasser mischen, 100 ml davon abnehmen und mit Speisestärke zu Brei verrühren.

Schote mit Zucker, Salz und restlichem Sahne-Mix aufkochen. Von der Herdplatte ziehen.

Schote herausfischen. Topf wieder auf den Herd ziehen, aufkochen, den Brei mit der Speisestärke einrühren. Unter Rühren köcheln, bis der Pudding dick wird. Vom Herd nehmen und abkühlen lassen.

Schmeckt pur, mit Schokoladensauce oder frischem Obst wie z. B. Erdbeeren.

✗ *Tipp: Die abgetrocknete Vanilleschote ergibt mit Zucker in einem Glas Vanillezucker. Dazu ein Schraubglas mit Zucker füllen, die Vanilleschote in den Zucker legen. Der Zucker nimmt den Vanillegeschmack an.*

Königs Freude
Schokoladencreme

500 ml Milch • 100 g Schokolade (zartbitter) • 20 g Kakao
2 EL Agavendicksaft (Alternativen: Sirup, Honig oder Zucker)
1 TL Agar-Agar (Geliermittel) (Alternative: Gelatine-Fix)

Milch, Schokolade und Kakao in einem Topf erhitzen. Ist die Schokolade geschmolzen, Agavendicksaft und Agar-Agar unterrühren. Unter ständigem Rühren 5–10 Min. kochen. In Schalen oder Gläser füllen. Im Kühlschrank fest werden lassen und mit frischen Himbeeren oder Roter Grütze (z. B. „Rumpelstilzchen", rechte Seite) servieren.

Königs Glück
Schokoladenpudding

300 ml Milch abmessen, in einem Topf mit der Schokolade erhitzen. Restliche Milch mit restlichen Zutaten verrühren und in der Schoko-Milch unter Rühren aufkochen. Abkühlen lassen, in Schälchen füllen.

500 ml Milch oder Sahne
50 g Schokolade • 1 EL Kakao
50 g Zucker • 2 EL Speisestärke

Rumpelstilzchen
Rote Grütze

Obst putzen, klein schneiden. Stärke mit Wasser glattrühren. Saft mit Zucker mischen und aufkochen, Stärke einrühren. Beeren zugeben und aufkochen lassen. In eine flache Schüssel gießen und mindestens 4 Stunden kalt stellen. Schmeckt allein oder mit Vanillesauce und Milchreis.

2 ½ kg Beeren der Saison
100 g Speisestärke • ¼ l Wasser
1 l roter Fruchtsaft • 100–200 g
Zucker (je nach Geschmack
und Süße der Früchte)

Schleckermäulchen
Rote Grütze-Auflauf

Rote Grütze in den Kühlschrank stellen, Zwieback in einer flachen Schüssel auslegen. Sahne und Joghurt gut verrühren und über den Zwieback gießen. 2 Stunden in den Kühlschrank stellen. Kurz vor dem Servieren die Rote Grütze darauf verteilen.

✗ *Tipp: Schmeckt auch mit Milch statt Sahne.*

1 Pck. Kokos- oder Schoko-
Zwieback • 200 ml süße Sahne
(oder Milch) • 500 g Natur-
Joghurt • 500 g rote Grütze
(Fertigprodukt oder nach
Rezept "Rumpelstilzchen")

Hinz und Kunz
Rhabarber-Grütze mit Vanillepudding

1 kg Rhabarber
1 Tasse Erdbeeren
100 ml Milch
2 Pck. Vanillepudding
150 g Zucker
300 ml Wasser

Vorbereitung: Rhabarber waschen, beide Enden abschneiden, von dicken Stängeln die Haut abziehen, in Stücke schneiden. Erdbeeren putzen und klein schneiden. Milch und Puddingpulver gut verrühren.
Rhabarber mit Zucker und Wasser 2 Min. kochen, Erdbeeren zugeben, noch 3 Min. kochen. Topf von der Herdplatte ziehen. Milch-Pudding-Mischung unterrühren, wieder auf die Herdplatte stellen und unter Rühren noch einmal aufkochen. Etwas abgekühlt in Schälchen füllen.

Rotes Glück
Sauerkirsch-Auflauf

750 g frische Sauerkirschen oder aus dem Glas
3 Eigelb
6 EL Zucker
3 Eiweiß
3 EL Mehl Type 405
6 EL Mandeln (gemahlen)
1 EL Butter
1 Msp. Zimt
125 ml Milch
3 EL Sahne

Vorbereitung: Kirschen waschen, abtrocknen, entsteinen oder Kirschen aus dem Glas abtropfen lassen. Ofen auf 180 °C vorheizen.
Eigelb mit 3 EL Zucker schaumig rühren. Eiweiß mit 1 EL Zucker steif schlagen. Mehl mit Mandeln mischen. Die tiefe Fettpfanne des Backofens mit Wasser füllen, auf die mittlere Schiene setzen. Hohe Auflaufform einfetten. Kirschen mit 2 EL Zucker, etwas Zimt und der Mehl-Mandel-Mischung verrühren. Dann Milch, Sahne, Eigelb-Zucker-Mischung und zuletzt vorsichtig den Eischnee unterheben. Alles in die Auflaufform füllen. Temperatur des Backofens auf 160 °C herunterschalten. Auflaufform in die Fettpfanne stellen und etwa 30 Min. backen.

👨‍🍳 *Variante: Statt der Kirschen kann man auch Beerenobst, Zwetschgen oder Äpfel nehmen.*

Schöne Müllerin
Süßer Grießschmarren

Vorbereitung: Grieß und Salz in der kalten Milch 3 Stunden quellen lassen. Eier trennen, Eiweiß steif schlagen. Eigelb in den Grieß rühren, Eiweiß unterheben. Butter in einer hohen Pfanne erhitzen, die steife Grießmasse hineingeben und von beiden Seiten goldbraun backen. Mit zwei Gabeln in kleine Stücke reißen und mit Kompott (S. 18) oder Vanillesauce (S. 58) servieren.

250 g Hartweizengrieß
1 Prise Salz
400 ml Milch
4 Eier • 100 g Zucker
Butter zum Ausbacken

Aller guten Dinge sind drei
Vanillepudding mit Obst und Quark

Vorbereitung: Obst waschen und in mundgerechte Stücke schneiden oder eingemachtes Obst gut abtropfen lassen.
Puddingpulver mit 6 EL Milch zu einem glatten Brei anrühren. Restliche Milch erhitzen, 3 EL Zucker zugeben, angerührtes Puddingpulver unterrühren, einmal aufkochen. Temperatur herunterschalten und alles unter ständigem Rühren zu einem nicht zu steifen Pudding kochen. Vom Herd nehmen und unter regelmäßigem Rühren (damit sich keine Haut bildet!) abkühlen lassen.
Inzwischen Quark mit 1 EL Zucker und der Milch verrühren. Sahne mit 1 EL Zucker steif schlagen. Ist der Pudding kalt, den Quark unterrühren. Vor dem Servieren die Sahne unterheben und entweder das Obst unterziehen oder separat anbieten.

✄ *Tipp: Frischhaltefolie auf den warmen Pudding legen, so bildet sich keine dicke Haut, die viele Kinder nicht essen mögen.*

500 g Obst nach
Geschmack und Jahreszeit
(frisch oder eingeweckt)
1 Pck. Vanillepudding
500 ml Milch
5 EL Zucker
500 g Magerquark
125 ml Milch
250 ml Sahne

Flüssiges Gold
Vanillesauce

Mark einer ½ Vanillestange
1 Ei
2 EL Zucker
25 g Stärkemehl
500 ml Milch
1 Prise Salz

Vanillestange mit der Schere aufschneiden, Inneres mit dem Messer heraus-kratzen. Ei trennen, Eiweiß steif schlagen, Eigelb und 1 EL Zucker schaumig rühren. Stärkemehl mit etwa 1–2 EL Milch glatt rühren.
Restliche Milch mit 1 EL Zucker und Salz aufkochen, Stärkemehl-Milch-Mischung einrühren, Temperatur herunterschalten. In die nicht mehr ko-chende Sauce zuerst das Eigelb, dann das steife Eiweiß unterheben.

Gut zu wissen: Es gibt 110 Arten von Vanillepflanzen. Aber nur 15 von ihnen liefern die Schoten mit dem aromatischen Gewürz.

Spinnerin-Kuchen
Auflauf aus Brötchen und Obst

1 kg Obst der Jahreszeit
2 EL Zitronensaft
4 altbackene Brötchen
500 ml Milch • 3 Eier
4 EL Zucker
4 EL Butter
Zucker-Zimt-Mischung aus je
1 EL Zucker und Zimt

Vorbereitung: Backofen auf 180 °C vorheizen. Obst waschen, entsteinen, in mundgerechte Stücke schneiden, mit Zitronensaft beträufeln. Auflaufform fetten. Brötchen in Scheiben schneiden.
Milch, Eier und Zucker verquirlen. Obst und Brötchen abwechselnd in die Form schichten (Brötchen als letzte Lage). Milch-Eier-Zucker-Mischung darübergießen. Weiche Butter darüberstreichen. 40 Min. backen. Mit Alu-folie abdecken, weitere 20 Min. backen. Noch warm mit der Zucker-Zimt-Mischung bestreuen und servieren.

Arme Ritter
Brotauflauf

Vorbereitung: Brot oder Brötchen in Scheiben schneiden und in eine breite Schüssel schichten.

Eier mit Milch verquirlen. Über die Brotscheiben gießen, herausnehmen, abtropfen lassen, in Semmelbrösel wenden. In einer Pfanne Butter erhitzen, die Brotscheiben darin von beiden Seiten goldgelb backen. Zum Entfetten auf Küchenpapier legen. Mit Zucker und Zimt bestreuen oder mit Apfelmus servieren.

Variante: Herzhafte „Arme Ritter" bekommt man, wenn man 50 g geriebenen Käse mit Semmelbrösel mischt und die Zucker-Zimt-Mischung weglässt.

3 Scheiben Brot oder
3 altbackene Brötchen
2 Eier
250 ml Milch
50 g Semmelbrösel
50 g Butter
1 TL Zimt
1 EL Puderzucker zum Bestäuben

Schlemmer-Schüssel
Grieß-Auflauf

Vorbereitung: Eier trennen, Eiweiß steif schlagen. Früchte halbieren, Kern entfernen oder Dosenobst gut abtropfen lassen. Flache Auflaufform fetten.

Milch aufkochen, Grieß, Salz und Zucker zugeben, zuletzt die Sahne, und alles in etwa 5 Min. zu einem steifen Brei kochen, abkühlen lassen. Eigelb einrühren. Eiweiß vorsichtig unter den Brei heben. Brei in die Auflaufform streichen, Früchte dicht an dicht auf den Brei setzen. Bei 160 °C etwa 30 Min. backen.

Variante 1: In den Brei 1 EL Kakao einrühren und 50 g Schokolade, z. B. Weihnachtsmann- oder Osterhasen-Reste darin zerlaufen lassen.
Variante 2: Obst durch 500 g Soft-Aprikosen, über Nacht in Apfelsaft eingeweicht, ersetzen.

3 Eier
1 TL Butter
750 g Aprikosen oder Pfirsiche
500 ml Milch
100 g Grieß
1 Prise Salz
3 EL Zucker
100 ml Sahne
Puderzucker zum Bestäuben

Süßes Müllerinnen-Lied
Reis-Auflauf

50 g Rosinen
4 große Äpfel
1 EL Zitronensaft
3 Eier
1 EL Butter
300 g Milchreis
1 l Milch
1 Prise Salz
50 g Mandelblättchen
50 g Butter
Zucker-Zimt-Mischung aus
je 1 EL Zucker und Zimt

Vorbereitung: Rosinen in Wasser einweichen.
Äpfel schälen, in dünne Spalten schneiden, in eine Schüssel geben und mit Zitronensaft beträufeln. Auflaufform fetten, Eier trennen und Eiweiß steif schlagen.
1 EL Butter in einem Topf zerlassen, Reis, Milch und eine Prise Salz zugeben und unter ständigem Rühren so lange köcheln, bis der Reis gar ist. Mandeln und abgetropfte Rosinen zugeben, abkühlen lassen. Eigelb mit Butter verrühren und mit den Apfelscheiben vermischen. Eiweiß unter den abgekühlten Reis heben. Apfel- und Reismasse mischen, in die Auflaufform füllen, bei 180 °C 40 Min. goldbraun backen. Mit Zucker-Zimt-Mischung bestreut servieren.

Gut zu wissen: Seit Jahrtausenden ernährt sich mehr als die Hälfte der Weltbevölkerung von Reis. Die Weltproduktion beträgt jährlich über 500 Millionen Tonnen! Reis stammt ursprünglich aus Asien und kam erst im 15. Jahrhundert nach Europa. Es soll 8 000 unterschiedliche Reissorten geben. Reis enthält relativ wenig Eiweiß und Fett und kein Cholesterin, aber wertvolle Aminosäuren. Naturreis ist reich an Kalium, Kalzium, Phosphor und Magnesium und wertvollen B-Vitaminen.
Eine Portion Reis (ca. 60 g) sättigt also nicht nur für mehrere Stunden, sondern enthält bereits ein Viertel des Tagesbedarfs an Vitaminen.

Goldspule
Süße Quarknudeln

Vorbereitung: Beeren waschen und trocken mit Puderzucker mischen und dem Stabmixer pürieren, Pistazienkerne grob hacken.

Wasser zum Kochen bringen, Püreepulver einrühren, 1 Minute quellen lassen (**Achtung, das kann spritzen!**), abkühlen lassen.

Das Kartoffelpüree mit Eiern, Quark, Zucker, Salz und Grieß gut verrühren (am besten mit dem Knethaken des Handrührgerätes).

Aus dem Teig kleine daumengroße Nudeln formen. Butter in einer Pfanne zerlaufen lassen und die Nudeln von allen Seiten etwa 10 Min. braten. Beerensauce auf den Tellern verteilen, Quarknudeln darauf anrichten und mit Pistazien bestreuen.

500 g Erdbeeren oder Himbeeren
3 EL Puderzucker
50 g Pistazienkerne
150 ml Wasser
1 Beutel Kartoffelbrei (oder 250 g selbst gekochtes Kartoffel- püree vom Vortag)
2 Eier • 250 g Quark
2 EL Zucker • 1 Prise Salz
75 g Grieß • 100 g Butter

Dicker Müller
Bratäpfel

Vorbereitung: Rosinen einweichen, Äpfel waschen, Kerngehäuse vorsichtig herausbohren. Backofen auf 200 °C vorheizen.

Nüsse und abgetropfte Rosinen mischen und in den Apfel füllen. Butter obenauf setzen. In eine gefettete Auflaufform setzen und 20 Min. backen.

✗ *Tipp: Schneller geht es in der Mikrowelle: Auf die höchste Stufe einstellen und 3 Min. garen. Sind die Äpfel noch nicht weich, wiederholen.*

pro Person:
1 EL Nüsse
1 dicker Apfel
1 EL Rosinen
1 TL Butter

Teufelsspeise
Himbeer-Quark-Nachspeise

400 g TK-Himbeeren
8 Baiser (Eiweiß-Schaum-
gebäck – gekauft oder
selbst gemacht: S. 68)
500 g Magerquark
4 EL Vanillezucker (siehe
auch Tipp auf S. 54)
125 ml Sahne

Vorbereitung: Himbeeren nur wenig antauen lassen, Baiser zerbröseln.
Magerquark mit 3 EL Zucker verrühren, Sahne mit restlichem Zucker steif
schlagen. In eine schöne Glasschale oder vier Portionsschälchen abwechselnd
eine Schicht Quark, Baiserbrösel, Himbeeren und Sahne (obenauf) schichten.
4 Stunden in den Kühlschrank stellen, damit die Beeren langsam auftauen.

Ein toller Nachtisch an einem Sommersonntag.

Tanz ums Feuer
Quarkklößchen in Aprikosensauce

3 Blatt weiße Gelatine
2 Eier
6 EL Zucker
1 Bio-Zitrone
4 EL Aprikosen- oder
anderer Fruchtsaft
250 g Magerquark
300 g reife Aprikosen
(am besten Zucker-Aprikosen)
2 EL Vanillezucker

Vorbereitung: Gelatine in kaltem Wasser einweichen.
Eier trennen, Eiweiß mit 3 EL Zucker steif schlagen. Zitronenschale abreiben, dann Zitrone halbieren und entsaften. In einer größeren Schüssel Eigelb
mit Zitronenschale, 4 EL Zitronensaft und 3 EL Zucker schaumig rühren.
Fruchtsaft erhitzen und die ausgedrückte Gelatine darin auflösen. Den Saft
in den Eigelb-Mix rühren. Anschließend den Quark unterrühren und das
steif geschlagene Eiweiß vorsichtig unterheben. Die Creme kalt stellen.
**Etwas Wasser aufkochen. Die Aprikosen kurz in das kochende Wasser
legen.** Dann mit kaltem Wasser abschrecken. Die abgekühlten Aprikosen
schälen, halbieren, die Steine entfernen. Die Früchte mit dem Vanillezucker
pürieren und in eine flache Schüssel füllen. Aus der Quarkcreme mit dem
Eisportionierer oder einem Löffel runde oder längliche Klößchen ausstechen
und in die Aprikosencreme legen. Sofort servieren.

Kalte Kammerspeise
Kalte Melonensuppe für heiße Tage

Vorbereitung: Teebeutel mit 750 ml kochendem Wasser übergießen, 5 Min. ziehen lassen. Teebeutel entfernen und Tee erst abkühlen lassen, dann in den Kühlschrank stellen.

Melone halbieren, Kerne mit einem Löffel herauskratzen, dann mit einem Eisportionierer oder einem runden Eier-Löffel etwa 20 kleine Kugeln aus dem Fruchtfleisch herausstechen. Tee zuckern und mit dem restlichen Fruchtfleisch pürieren. In den Kühlschrank stellen.

Wenn alles erkaltet ist, in flache Suppenschalen füllen. Melonenkugeln zugeben und mit den Melissenblättchen servieren.

3 Teebeutel Hagebutten- oder Hibiscustee
1 Honigmelone
Zucker nach Geschmack
Saft einer halben Zitrone
Melissenblättchen zum Dekorieren

Königliches Hochzeitsmahl
Kirschen-Schoko-Auflauf

Vorbereitung: Kirschen gut abtropfen lassen. Schokolade grob hacken. Auflaufform (etwa 24 × 15 cm) fetten. Backofen auf 160 °C vorheizen.

Am Anfang, wenn der Ofen noch nicht so heiß ist, Schokolade mit Butter im Backofen schmelzen lassen. Mehl mit Backpulver und Kakao mischen. Eier trennen. Eiweiß mit der Hälfte des Zuckers steif schlagen. Eigelb mit dem restlichen Zucker, dem Vanillezucker und der lauwarmen Schokoladenmischung verrühren. Mehlmischung langsam unterrühren. Vorsichtig den Eischnee unterheben.

Kirschen in der Auflaufform verteilen. Teig darübergeben, glattstreichen. Etwa 25 Min. backen. Warm servieren.

1 kleines Glas Kirschen (etwa 170–200 g Abtropfgewicht)
100 g Schokolade
100 g Butter
50 g Mehl
½ TL Backpulver
1 EL Kakao
3 Eier
75 g Zucker
1 EL Vanillezucker
1 TL Butter

Das Märchen von Rotkäppchen

Es war einmal ein Mädchen, das hatte jedermann lieb und wurde Rotkäppchen genannt, weil es am liebsten eine Kappe aus rotem Samt trug, die ihm die Großmutter geschenkt hatte. Eines Tages wurde die Großmutter krank, und die Mutter sprach zu Rotkäppchen: „Komm, da hast du ein Stück Kuchen und eine Flasche Wein, bring das der Großmutter hinaus, sie ist krank und schwach und wird sich darüber freuen. Nun geh und komm nicht vom Weg ab, sonst fällst du oder verirrst dich im Wald." „Ich will schon alles gut machen", sagte das Rotkäppchen.

Wie nun Rotkäppchen in den Wald kam, begegnete ihm der Wolf. Rotkäppchen wusste nicht, was das für ein böses Tier war, und fürchtete sich nicht vor ihm. „Guten Tag Rotkäppchen", sprach er, „wo hinaus so früh?" Da erzählte es ihm von der kranken Großmutter und dass es ihr gute Sachen zum Gesundwerden bringe. „Rotkäppchen, wo wohnt denn deine Großmutter?", fragte der Wolf. „Unter den drei großen Eichbäumen, weiter im Wald, da steht ihr Haus."

Der Wolf dachte bei sich: Das junge zarte Ding ist ein feiner Bissen, aber du musst es listig anfangen, damit du beide schnappst. Da sprach er: „Du gutes Kind, willst du ihr nicht auch noch einen Blumenstrauß bringen? Sie würde sich gewiss freuen!" Da sah Rotkäppchen, wie rechts und links des Weges schöne Blumen standen, und es begann damit, sie zu pflücken. Aber wie es so pflückte und weitere Blumen suchte, geriet es immer tiefer in den Wald hinein.

Der Wolf aber ging geradewegs zum Haus der Großmutter und klopfte an die Tür. „Wer ist draußen?" fragte die Großmutter. Der Wolf rief mit verstellter Stimme: „Hier ist das Rotkäppchen, ich bringe dir Wein und Kuchen, mach auf." „Komm nur herein", sprach die Großmutter, „ich bin zu schwach und kann nicht aufstehen." Der Wolf drückte auf die Klinke, sprang zum Bett der Großmutter und verschlang sie.

Dann zog er ihr Nachthemd an, setzte ihre Haube auf und legte sich in ihr Bett. Das Rotkäppchen hatte unterdessen so viele Blumen gesammelt, dass es sie kaum noch tragen konnte. Da fiel ihm die Großmutter wieder ein und es machte sich auf den Weg zu ihr.

Als es beim Haus der Großmutter ankam, wunderte es sich, dass die Tür offen stand. Es ging in die Stube und sah die Großmutter im Bett liegen, aber sie sah sehr wunderlich aus. Es rief: „Ei, Großmutter, was hast du für große Ohren?" „Dass ich dich besser hören kann!" antwortete der Wolf. „Ei, Großmutter, was hast du für große Hände?" – „Damit ich dich besser packen kann." – „Aber Großmutter, was hast du für ein entsetzlich großes Maul?" – „Dass ich dich besser fressen kann!"

Und mit diesem Satz sprang der Wolf aus dem Bett und verschlang auch das Rotkäppchen. Dann schlief er ein und fing an, laut zu schnarchen.

Nun ging gerade der Jäger an dem Haus vorbei und wunderte sich, dass die Großmutter so laut schnarchte und fand den schlafenden Wolf im Bett. Er wollte schon seine Flinte anlegen, da fiel ihm ein, dass der Wolf ja die Großmutter gefressen haben könnte. So schoss er nicht, sondern nahm eine Schere und schnitt dem Wolf den Bauch auf. Wie er ein paar Schnitte getan hatte, da sprang das Rotkäppchen heraus, und nach ein paar weiteren Schnitten kaum auch die alte Großmutter wieder lebendig hervor.

Rotkäppchen holte aber geschwind große Steine, damit füllten sie dem Wolf den Leib, und wie er aufwachte, wollte er fortspringen, aber die Steine waren so schwer, dass er gleich tot hinfiel.

Da waren alle drei vergnügt, die Großmutter aß den Kuchen und trank den Wein, den Rotkäppchen gebracht hatte, und Rotkäppchen dachte: Du willst dein Lebtag nicht wieder allein vom Wege ab in den Wald laufen.

Kein Märchen: Obst und Gemüse aus der Region sind gesünder

Obst und Gemüse aus der Region, das keine weiten Wege hinter sich hat, ist frischer und gesünder und belastet die Umwelt weniger. Eine gute Alternative können Tiefkühlprodukte sein, die oft direkt nach der Ernte eingefroren wurden und daher noch fast alle ihre wertvollen Inhaltsstoffe besitzen.

Ganzjährig wird bei uns eigentlich alles angeboten, auch Kirschen, Spargel oder Erdbeeren. Doch kaufen Sie diese Früchte lieber nur dann, wenn sie bei uns geerntet werden. Am besten schmecken Obst und Gemüse, wenn sie zu ihrer natürlichen Reifezeit im Freien – und nicht im Treibhaus – geerntet werden.

Hier eine kleine Übersicht:

✲ *Frühjahr:* Erdbeeren, Rhabarber, Radieschen, Rucola, Spargel, Spinat ✲ *Sommer:* Aprikosen, Beeren aller Art, Kirschen, Melonen, Nektarinen, Pfirsiche, Sauerkirschen, Auberginen, grüne Bohnen, Erbsen, Gurken, alle Salatsorten, Tomaten ✲ *Herbst:* einheimische Äpfel, Birnen, Holunderbeeren (selber sammeln), Quitten, Trauben, Pflaumen und Zwetschgen, Blumenkohl, viele Salatsorten, Fenchel, Kohlrabi, Kürbis, Rettich, Rote Bete, viele einheimische Kohlsorten, Rüben, Wirsing, Zuckermais ✲ *Winter:* Birnen, Feldsalat (Rapunzel), Endiviensalat, Grünkohl, Rosenkohl, Schwarzwurzeln, Wirsing

Rezepte für Kuchen und Gebäck

Zuckerschlange
Hefezopf aus Quark-Ölteig

Vorbereitung: Zitronenschale abreiben, Rosinen einweichen, Eigelb mit etwas Milch verrühren. Backblech mit Backpapier belegen.

Mehl mit Zucker, Vanillezucker, Backpulver, Zitronenschale, Quark, Öl und Milch gut verrühren. Ist der Teig sehr klebrig, etwas mehr Mehl nehmen. Abgetropfte Rosinen in den Teig kneten. Aus dem Teig drei dicke Rollen formen.

✂ *Tipp: In einen Unterteller etwas Öl gießen. Klebt der Teig sehr stark, Handflächen in das Öl legen, dann kann man den Teig besser anfassen.*

Aus den drei Teigsträngen einen Zopf „flechten" und zu einem Kreis formen. Wem der Zopf noch nicht so gelingt, formt einfach zwei Stränge und verschlingt sie miteinander zu einem runden Kranz. In der Mitte ein Loch lassen. Alufolie locker zu einem Ei formen, in das Kranzloch legen, damit der Teig nicht zusammenbackt, sondern ein Loch bleibt. Den Kranz auf das Backpapier legen, mit Eigelbmilch bestreichen und Mandelblättchen bestreuen. Bei 180 °C etwa 25 Min. backen. Nach dem Backen das „Alu-Ei" entfernen. Zu Ostern legt man ein gefärbtes Osterei in das Loch.

1 TL abgeriebene Schale einer Bio-Zitrone
1 Handvoll Rosinen
1 Eigelb
3–4 EL Milch
300 g Mehl
80 g Zucker
1 Pck. Vanillezucker
1 Pck. Backpulver
125 g Magerquark
80 ml Öl
80 ml Milch
1 Handvoll Mandelblättchen

Wolfsaugen
Müslikekse

Vorbereitung: Backofen auf 180 °C vorheizen, Backblech mit Backpapier belegen.
Zuerst Ei verquirlen, dann alle anderen Zutaten unterrühren. Mit einem Esslöffel Portionen abstechen, und im Abstand von 2 cm auf dem Backblech flachdrücken. 15–20 Min. backen. Abkühlen lassen.

1 Ei • 100 g weiche Butter
300 g Müsli (Mischung nach Belieben, ohne Schokolade)
125 ml Milch • 3 EL Honig
1 TL Backpulver
100 g Rohrzucker

Weiße Blümchen
Baiser (Eiweiß-Schaumgebäck)

4 Eier
200 g Zucker

Eier trennen, Eiweiß mit dem Zucker steif schlagen, Masse in eine Spritztüte füllen und 8 Eiweiß-Häufchen auf ein mit Backpapier ausgelegtes Backblech spritzen. Bei 110–120 °C etwa 70–100 Min. mehr trocknen lassen als backen.

Auch Grundrezept für die Teufelsspeise (S. 62).

„Kalter Hund" – neue Variante
Kekskuchen

200 g gehackte Wal- oder andere Nüsse
400 g Kekse (Butterkekse)
100 g Zucker
3 EL Kakao (Back-Kakao)
100 ml Milch
200 g Butter

Vorbereitung: Eine Kastenkuchenform buttern und Kekse auf den Boden legen. Zucker mit Kakao mischen, in der Milch aufkochen, Butter zugeben. Solange kochen, bis alles geschmolzen ist. Die Flüssigkeit über die Kekse gießen, nächste Lage Kekse darauflegen. Wieder mit der Flüssigkeit begießen. Letzte Schicht sollte Butterkakao sein. Etwa 2 Stunden kalt stellen, aber nicht im Kühlschrank, weil sonst der Kuchen (bzw. der „Hund") grau wird.

„Kalter Hund" – altmodische Variante

300 g Kokosfett in Platten
125 g Puderzucker
50 g Kakao
3 Eier
2 Pakete Butterkekse

Vorbereitung: Kokosfett im Topf schmelzen. Kastenform mit Frischhaltefolie auslegen. Abgekühltes Kokosfett mit Puderzucker, Kakao und den Eiern verrühren. Boden der Form mit dieser Creme bestreichen. Abwechselnd Kekse und Creme so einschichten, dass die letzte Schicht Creme ist. Über Nacht kühl stellen (nicht in den Kühlschrank).

Wolfszahn
Streuselkuchen

Vorbereitung: Backblech einfetten.
Butter, Eier und Zucker schaumig rühren, Mehl und Backpulver mischen, alles zu einem Teig verkneten. Auf dem Backblech ausrollen.
Für die Streusel Mehl, Butter und Zucker vermischen, Streusel zupfen und auf dem Teig verteilen. Etwa 30 Min. bei 180 °C backen. Garprobe machen.
Für den Guss den Zucker in die Sahne rühren. Den noch heißen Kuchen nach dem Backen damit begießen. Erst anschneiden, wenn der Kuchen abgekühlt ist.

Teig: 200 g Butter • 4 Eier
200 g Zucker • 250 g Mehl
1 TL Backpulver
Streusel: 400 g Mehl
250 g Butter • 200 g Zucker
Guss: • 200 ml Sahne
50 g Zucker

Feiner Bissen
Schneller Apfelkuchen

Vorbereitung: Blätterteig-Platten aus der Packung nehmen, nebeneinander legen, ein wenig auftauen lassen. Dann mit dem Nudelholz (oder einem Glas) so ausrollen, dass eine Fläche entsteht. In die Backform (Kasten oder Spring-form) legen, Reste abschneiden und daraus einen Rand formen.
Äpfel schälen, vierteln, entkernen, in Spalten schneiden. Ofen auf 200 °C vorheizen.
Eier, Zucker und Sahne schaumig rühren. Stärke mit den Mandeln mischen und unterrühren. Auf den Teigboden gießen, Apfelspalten dicht an dicht in die Creme drücken.
In den Backofen schieben, nach 10 Min. Temperatur auf 180 °C herunter-schalten. Noch 15–20 Min. weiterbacken, bis die Äpfel weich sind. Wird der Kuchen zu schnell dunkel, vorsichtig mit Alufolie abdecken.

1 Pck. TK-Blätterteig
4–5 saure Äpfel
Creme:
2 Eier
80 g Zucker
100 ml süße Sahne
20 g Speisestärke
80 g gemahlene Mandeln

Mit-einem-Haps-Kuchen
Schneller Bienenstich

Teig:
1 EL Butter
100 g Mehl • 1 TL Backpulver
150 g Puderzucker
1 Pck. Vanille-Puddingpulver
4 Eier • 100 g Mandelblättchen
2 EL Zucker
Creme:
400 g Sahne
1 Pck. Instant-Vanillecreme

Vorbereitung: Eine Springform (Ø 26 cm) fetten, Backofen auf 180 °C vorheizen. Mehl mit Backpulver, Puderzucker und Puddingpulver mischen und mit den Eiern zu einem Teig verrühren. In die Springform füllen, Mandelblättchen darauf verteilen, darüber den Zucker streuen. Etwa 20–30 Min. backen. Aus der Form lösen und abkühlen lassen.
Zum Füllen mit einem großen, breiten Messer oder einem Zwirnsfaden quer teilen bzw. durchschneiden. Sahne mit dem Vanillecremepulver gut verrühren und mit dem Stabmixer etwa 3–5 Min. steif schlagen. Drei Viertel der Creme auf den Tortenboden verteilen, Tortendeckel auf die Creme legen. Leicht andrücken. Die restliche Creme mit dem Messer auf den Rand streichen.

Großmütterchen-Kuchen
Apfel-Streuselkuchen

Teig: 400 g Mehl
225 g Butter • 125 ml Milch
275 g Puderzucker
1 Pck. Backpulver • 4 Eier
Belag: 1 ½ kg Äpfel (säuerliche)
1 EL Zitronensaft
Streusel: 200 g Mehl
150 g Zucker • 150 g Butter

Äpfel schälen, entkernen, in Würfel schneiden und in eine Schüssel geben, mit Zitronensaft beträufeln. Streuselzutaten verkneten, kalt stellen. Eier verrühren. Backblech fetten.
Mehl mit Backpulver mischen und mit Butter, Puderzucker und Milch verrühren. Zum Schluss die verquirlten Eier unterrühren. Den Teig auf dem Backblech ausrollen. Apfelwürfel darauf verteilen. Über die Äpfel die Streusel zupfen. Bei 170 °C etwa 60 Min. backen. Garprobe machen.

Jägerfreude
Schokoladen-Kirschkuchen

Vorbereitung: Butter aus dem Kühlschrank nehmen, Schokolade hacken oder reiben, Kirschen gut abtropfen lassen. Springform (Ø 26 cm) einfetten.
Alle Zutaten außer den Kirschen miteinander verrühren, Teig in die gefettete Form geben. Kirschen gleichmäßig auf dem Teig verteilen. Bei 150 °C 40–45 Min. backen.

125 g Butter • ½ Tafel Schokolade (ca. 50 g) (Alternative: 50 g Schokoplättchen)
1 Glas Kirschen (ca. 680 g)
250 g Zucker • 4 Eier
125 g Mehl • 1 Msp. Zimt
125 g gemahlene Haselnüsse
½ Pck. Backpulver

Rote Käppchen
Möhrenmuffins

Eier trennen, Eiweiß steif schlagen, Eigelb mit Zucker und Vanillezucker schaumig rühren, Möhren schälen und fein reiben. Muffinformen fetten bzw. Papierformen bereitstellen.
Nüsse, Backpulver und Zimt mischen. Eigelb zu den geriebenen Möhren geben und ebenfalls unter den Teig mischen. Zuletzt das steif geschlagene Eiweiß unterheben.
Formen nur halbvoll mit Teig füllen. Im Backofen bei 160 °C etwa 45–50 Min. backen.

✂ *Tipp: Der Teig kann auch als Kuchen gebacken werden, muss dann aber ca. 10 Min. länger im Ofen bleiben.*

4–5 Eier
225 g Zucker
250 g Möhren
250 g gemahlene Haselnüsse
½ Pck. Backpulver
1 Msp. Zimt
1 Pck. Vanillezucker

Teig: 200 g Mehl
75 g Zucker
1 TL Backpulver
4 EL weiche Butter • 1 Ei
Belag: 500 g Magerquark
2 Eier • 150 g Zucker
100 g saure Sahne
4 EL weiche Butter
250 ml Milch
1 kl. Dose Mandarinen

Märchenwald
Mandarinen-Käsekuchen

Vorbereitung: Mandarinendose öffnen, die Früchte gut abtropfen lassen und Saft auffangen. Eine Springform (Ø 26 cm) einfetten.
Für den Teig Mehl, Zucker und Backpulver mischen, Butter und Ei unterrühren, alles gut verkneten. Teig in die Form geben (und mit den Fingern glatt drücken), kleinen Rand hochziehen. Bis der Belag fertig ist, in den Kühlschrank stellen. Backofen auf 180 °C vorheizen.
Nun die Belagzutaten (außer Mandarinen) gut verrühren. Diese Masse auf dem Teig verteilen. Sie ist sehr weich, wird aber beim Backen fest. Mandarinen vorsichtig in die Quarkmasse drücken. Kuchen etwa 50 Min. backen. Abkühlen lassen.

500 ml Wasser
250 g Zucker
125–200 g Butter
375 g Mehl
3 Eier
1 Prise Zimt

Wolfstatzen
Dauer-Waffeln

Vorbereitung: Waffeleisen einfetten, auf mittlere Temperatur einstellen.
Wasser mit Zucker und Butter erhitzen, wieder abkühlen lassen und dann langsam ins Mehl rühren. Eier unterrühren, mit Zimt würzen. Vorsichtig mit einem großen Löffel den Teig auf das Waffeleisen streichen, zuklappen und warten, bis das Temperatur-Licht wieder grün wird. Deckel vorsichtig anheben. Klebt der Teig noch, wieder zuklappen und noch etwas warten. Fertige Waffeln auf einem Kuchengitter abkühlen lassen. Entweder sofort mit Apfelmus essen oder hart werden lassen und in einer Blechdose aufbewahren. Wenn es mal schnell gehen muss, ergeben sie mit Apfelmus oder Nutella bestrichen eine unkomplizierte Mahlzeit.

Goldküchlein
Ananaskuchen

Vorbereitung: Dose öffnen, Ananasstücke in ein Sieb geben und Saft auffangen. Backblech einfetten oder mit Backpapier belegen.
Butter mit Zucker, Vanillezucker, Mehl, Backpulver und Ananassaft zu einem Teig verrühren. Auf dem Backblech verstreichen. Ananasringe bzw. -würfel in den Teig drücken. Bei 200 °C etwa 25 Min. backen. Garprobe machen.

1 große Dose Ananas (ca. 600 g)
250 g weiche Butter
2 Tassen Zucker
4 Tassen Mehl
1 Pck. Backpulver
1 Tasse Ananassaft
1 Pck. Vanillezucker

Häschen-Kuchen
Möhrenkuchen ohne Mehl

Vorbereitung: Zwieback zerbröseln (in eine Plastiktüte füllen und mit dem Nudelholz darüberrollen), Spring- oder Kastenform einfetten.
Eier trennen, Eiweiß mit 1 EL Zucker steif schlagen, Eigelb mit restlichem Zucker schaumig rühren, Möhren schälen und fein reiben.
Zwiebackbrösel, Backpulver, Möhren und Nüsse, Zitronensaft und Eigelbmix verrühren. Eiweiß vorsichtig unterheben. In die Backform füllen, glatt streichen und bei 175 °C 50–60 Min. backen. Garprobe machen. Schokoglasur in der Mikrowelle oder im Wasserbad erhitzen und den noch warmen Kuchen damit bestreichen.

6 Scheiben Zwieback
3 Eier
125 g Zucker
125 g gemahlene Haselnüsse
125 g Möhren
1 TL Zitronensaft
½ TL Backpulver
100 g Schokoglasur

Süße Täuschung
Falscher Marzipankuchen

400 g gekochte Kartoffeln
100 g weiche Butter
200 g Zucker • 5 Eier
200 g gemahlene Haselnüsse oder
Mandeln • ½ Fl. Backaroma
Mandel • 1 Pck. Backpulver
150 g Schokoglasur (Fertigprodukt, dunkel oder weiß)

Vorbereitung: Warme Kartoffeln stampfen, kleine Kastenform einfetten.
Alle Zutaten bis auf die Schokoglasur cremig rühren, in die Form streichen,
bei 175 °C etwa 60 Min. backen. Abgekühlten Kuchen mit Glasur bestreichen.

✗ *Tipp: Soll der Kuchen am Nachmittag gegessen werden, besser am Morgen*
backen: Die Glasur braucht mindestens 4 Stunden, bis sie fest ist.

Rumpelpumpel
Schneller Marmorkuchen

175 g Zucker • 2 Eier
1 Pck. Vanillezucker
110 ml Öl • 225 g Mehl
110 ml Mineralwasser
(stark kohlensäurehaltig)
2 EL Kakao
3 TL Butter für die Form

Vorbereitung: Eine Guglhupfform gut einfetten.
Vom Mineralwasser 3 EL abnehmen. Alle Zutaten außer Kakao und 3 EL
Mineralwasser gut miteinander verrühren. Zwei Drittel des Teigs in die Form
füllen. Restliches Drittel mit Kakao und 3 EL Mineralwasser verrühren, auf
den anderen Teig legen und dann mit einer Gabel den dunklen Teig durch
den hellen Teig ziehen. Bei 180 °C etwa 45 Min. backen. Garprobe machen.

Bitzel-Kuchen
Limonade-Kuchen

Vorbereitung: Backblech mit Backpapier auslegen oder Muffinformen bereit-
stellen. Backofen auf 180 °C vorheizen.
Alle Teigzutaten verrühren, den Teig entweder auf das Backpapier streichen
oder mit dem Löffel jeweils 1–2 EL in die Muffinformen füllen. 15–20 Min.
backen. Garprobe machen.
Für den Guss den Puderzucker mit so viel Wasser verrühren, dass eine dick-
flüssige Masse daraus wird. Den Kuchen damit bestreichen, die Schokostreusel
oder Gummibärchen darauf verteilen, letztere leicht andrücken.

Teig: 4 Eier • 2 Tassen Zucker
1 Pck. Vanillezucker • 4 Tassen
Mehl • 1 Pck. Backpulver
1 Tasse Fruchtlimonade (z. B.
Orange, Birne-Holunder o. Ä.)
1 Tasse Sonnenblumenöl
zum Verzieren: 1 EL Puderzucker • Schokostreusel oder
Gummibärchen

Das Märchen vom Tischlein deck dich!

Es war einmal ein Mann, der hatte drei Söhne. Eines Tages bat er den Ältesten, die Ziege auf die Weide zu führen und darauf zu achten, dass sie genug frische Kräuter frisst. Der Junge fand einen guten Platz und die Ziege fraß den ganzen Tag. Als sie nach Hause kamen, fragte der Vater die Ziege, ob sie satt geworden wäre, da sagte sie:
„Wovon sollt' ich satt sein?
Ich sprang nur über Gräbelein
Und fand kein einzig Blättelein, mäh, mäh!"
Da wurde der Vater wütend und jagte den Sohn aus dem Haus.

Am nächsten Morgen schickte der Vater seinen zweiten Sohn aus, um für die Ziege einen guten Futterplatz zu suchen. Auch er fand bald eine Stelle mit vielen schmackhaften Kräutern, und die Ziege schlug sich den Bauch voll.
Doch kaum zuhause angekommen, sagte sie wieder zum Vater:
„Wovon sollt' ich satt sein?
Ich sprang nur über Gräbelein
Und fand kein einzig Blättelein, mäh, mäh!"
Und wieder glaubte der Vater der Ziege und verjagte auch den zweiten Sohn.

Am dritten Tag erging es dem jüngsten Sohn genauso. Auch ihn warf der Vater aus dem Haus.

Nun war der Vater ganz allein und musste selbst die Ziege auf die Weide führen. Er ließ sie lange von vielen Kräutern fressen. Wieder zuhause angekommen, fragte er sie: „Nun, Ziege, hast du dich endlich einmal richtig satt fressen können?" Da rief die Ziege in ihrer Bosheit wieder:
„Wovon sollt' ich satt sein?
Ich sprang nur über Gräbelein
Und fand kein einzig Blättelein, mäh, mäh!"
Als der Vater das hörte, sah er ein, dass er seine drei Söhne ohne Grund verstoßen hatte. „Warte nur", rief er, „du undankbares Geschöpf!", und jagte sie mit Stockhieben vom Hof.

Unterdessen hatten alle drei Söhne gute Lehrherren gefunden und lernten ein Handwerk. Und weil sie alle drei so gut und fleißig waren, wurden sie, als ihre Lehrzeit um war, von ihren Meistern reich beschenkt.

Der erste Sohn bekam einen Esel. Zog man an seinem Schwanz und sagte das Wort „Bricklebrit!", so fielen hinten lauter Goldstücke aus dem Tier. Der zweite Sohn erhielt ein Tischlein, das sofort die besten Speisen auftischte, sobald man „Tischlein, deck dich!" sagte. Dem dritten Sohn aber wurde ein Sack geschenkt, in dem steckte ein Knüppel, der auf das Kommando „Knüppel, aus dem Sack!" alle Bösewichter verprügelte.

Mit diesen Geschenken machten sich alle drei Söhne auf den Heimweg, weil sie wohl dachten, der Vater würde ihnen schon verzeihen.

Auf dem langen Weg nach Hause musste der Älteste essen und schlafen. Da er kein Geld hatte, zog er seinen Esel am Schwanz und sagte: „Bricklebrit!" Mit den Goldstücken bezahlte er den Wirt. Dieser hatte ihn aber beobachtet und tauschte nachts den Goldesel gegen einen gewöhnlichen Esel aus. Am nächsten Morgen machte sich der Junge wieder auf den Weg, ohne den Tausch zu bemerken. Unterwegs traf er seinen Bruder. Als sie Hunger verspürten, setzten sie sich an den Wegesrand, und der zweite Bruder sagte zu seinem Tisch: „Tischlein, deck dich!", und sofort konnten sie sich an den besten Speisen satt essen. Dabei wurden sie von einem Mann beobachtet, der sie freundlich einlud, die Nacht bei ihm zu verbringen. Da sie noch einen langen Weg vor sich hatten, nahmen sie das Angebot an.

Als sie am nächsten Morgen weiterzogen, merkten sie nicht, dass der Mann den Tisch gegen einen gewöhnlichen ausgetauscht hatte. Unterwegs trafen sie den jüngsten Bruder und prahlten mit ihren Geschenken. Doch als sie den Goldesel und das Tischlein-deck-dich vorführen wollten, merkten sie, dass sie betrogen worden waren. Da sagte der jüngste Bruder: „Lasst uns zurückgehen, und ich zeige euch, was ich von meinem Meister geschenkt bekommen habe!" Das taten sie und als sie das Tischlein und den Goldesel zurückforderten und die Wirte sie nicht freiwillig hergeben wollten, sagte der jüngste Bruder nur: „Knüppel aus dem Sack!", und der Knüppel sauste hervor und schlug die betrügerischen Wirte so lange, bis sie Esel und Tischlein wieder hergaben.

Danach machten sie sich ohne Umwege auf den Heimweg. Der alte Vater hatte seine Heftigkeit schon lange bereut und freute sich sehr, als die Söhne zurückkehrten. Sie zeigten dem Vater ihre Geschenke, feierten ein großes Fest und lebten von nun an in Freud und Herrlichkeit.

Kein Märchen: Kinder lieben Feste

Im Gegensatz zu vielen Erwachsenen, denen am Geburtstag nicht immer der Sinn nach Feiern steht, ist es für Kinder ein ganz besonderer Tag, der auch entsprechend feierlich begangen werden soll. Dazu gehört, das Kind mit einer Kerze oder einem Geburtstagsständchen zu wecken, den Frühstückstisch besonders schön zu decken und natürlich auch, dass das Kind sich sein Lieblingsessen wünschen darf.

Am wichtigsten ist natürlich, dass es seine Freunde und Freundinnen einladen darf. Dabei muss kein Aufwand getrieben werden, der die Eltern an den Rand eines Nervenzusammenbruchs treibt. Es hat sich bewährt, dass das Kind nur so viele Freunde einladen darf, wie es Lebensjahre hat. Besprechen Sie mit dem Kind, unter welchem Motto (Geister, Piraten, Indianer, Prinzen und Prinzessinnen) das Fest stehen und was es zum Essen geben soll.

Backen Sie keine aufwändigen Torten und bieten Sie nicht zu viele verschiedene Gerichte an. Kinder sind an solchen Tagen sehr mit Spielen und Herumtollen beschäftigt – und lieben bekanntermaßen ohnehin einfache Leckereien (wie in diesem Buch beschrieben). Versuchen Sie möglichst viel bereits ein paar Tage vorher zuzubereiten.

Fragen Sie die Eltern der eingeladenen Kinder, ob irgendwelche Allergien oder Aversionen gegen bestimmte Lebensmittel vorliegen.

Vereinbaren Sie, dass der Preis für das Geschenk eine bestimmte Höhe nicht überschreitet, und achten Sie selbst auch darauf, dass es sich bei den Preisen für Wettspiele nur um sogenannte „Pfennigartikel", wie z. B. Sammelbildchen, Aufkleber, witzige Radiergummis oder Bleistiftanspitzer, Flummibälle, Schlüsselanhänger etc., handelt und dass diese Preise auf keinen Fall den Wert des Geburtstagsgeschenks übersteigen dürfen und damit den Geber bzw. seine Eltern beschämen.

Rezepte für Kindergeburtstag, Grillfest, Halloween-Gruselparty

Gescheiter Hans
Pizza-Gesichter

Teig: 400 g Mehl
1 Würfel frische Hefe
1 TL Zucker
1 TL Salz
1 EL Olivenöl
200 ml lauwarmes Wasser
2 EL Öl für das Backblech
Belag: 2–3 grüne Paprika
1 rote Paprika
100 g Salami
evtl. 6–10 Oliven (ohne Stein)
250 g Pizzatomaten (Dose)
100 g Käse nach Geschmack
4 EL Olivenöl

Vorbereitung: 100 g Mehl, Hefe, Zucker und 100 ml lauwarmes Wasser verkneten und im Warmen gehen lassen. Backblech einfetten. Backofen auf 180 °C vorheizen. Paprika putzen und in schmale Streifen schneiden.
Zum Teig jetzt Salz, Olivenöl, restliches Mehl und 100 ml lauwarmes Wasser geben und gut verkneten. Etwa 40 Min. im Warmen gehen lassen.
Vier runde Fladen ausrollen, auf das gefettete Blech legen, die Ränder etwas hochdrücken. Den Boden mit den Salamischeiben bedecken, darauf die Pizzatomaten streichen und jetzt die Gesichter machen: Dazu die grünen Paprika als „Haare" in den Teig drücken, Mund und Nase aus roter Paprika machen, Oliven als Augen und Ohren nehmen, die Tomaten rundherum legen. Den Käse so über die Tomaten streuen, dass die Gesichter noch zu erkennen sind. Etwa 20 Min. backen.

Tischlein deck dich
Schnelle Pizza aus Quark-Ölteig

Teig: 200 g Quark
1 TL Salz • 3 Eier
5 EL Öl • 400 g Mehl
½ Pck. Backpulver
Belag: nach Wunsch: frische Tomatenhälften, Salami-scheiben, Tomatenmark oder -ketchup, Champignon-scheiben, Mozzarella etc.

Vorbereitung: Zwei runde Formen oder ein großes Backblech fetten oder mit Backpapier auslegen. Quark mit Salz, Eiern und Öl verkneten. Nach und nach Mehl und Backpulver unterkneten, zuerst mit dem Knethaken des Handrührgeräts, dann mit den Händen. Zwei runde Fladen ausrollen und auf das Backblech legen. Mit der Gabel den Boden mehrmals einstechen. So wölbt sich der Teig nicht hoch und wirft Blasen. Nach Belieben belegen. Bei 180 °C etwa 25 Min. backen.

Knister-Knister
Stockbrot für's Lagerfeuer

Vorbereitung: Mindestens vier 1 m lange dünne Holzstöcke suchen oder schnitzen. Alle Zutaten verkneten, 30 Min. im Warmen gehen lassen. Danach nochmals durchkneten und ei-große Kugeln formen. In einer Plastikdose transportieren. Beim Lagerfeuer mit den Händen aus den „Teig-Eiern" lange Stränge rollen, um die Spitze der Stöcke wickeln, mit der Hand fest andrücken. Den Stock über die Glut (nicht in das Feuer) halten, dabei drehen, bis alles gebacken ist.

500 g Mehl
1 Ei
80 g Zucker
1 Prise Salz
1 EL Vanillezucker (S. 54)
1 Pck. Trockenhefe
250 ml Milch
100 g weiche Butter

Wandersmann
Maiskolben mit Butter

Vorbereitung: Die Blätter und Fäden, die den Maiskolben umhüllen, nach unten biegen und abschneiden. Wasser in einem großen Topf aufkochen. **Maiskolben in das kochende Wasser gleiten lassen.** Temperatur herunterschalten und 12–15 Min. ziehen lassen. Mit dem Schaumlöffel herausnehmen, kurz kalt abspülen. Nun salzt und pfeffert jeder seinen Maiskolben und bestreicht ihn mit Butter.

✗ *Tipp: Steckt man in jede Seite einen Zahnstocher, lässt sich der Maiskolben besser halten.*

pro Person:
1–2 Maiskolben
Salz, Pfeffer und Butter

Aztekengold
Tortillachips (Nachos)

Gewürzmischung aus Salz,
Curry, Paprika, Chili, Pfeffer
150 ml Milch
1 EL Öl
125 g Maismehl
100 g Mehl Type 405

Vorbereitung: Gewürze nach Geschmack mischen.
Milch in einem breiten Topf erhitzen. Öl und Gewürze zugeben. Gut verrühren. Nach und nach Maismehl und Weizenmehl unterrühren. Wenn der Teig noch klebt, weiteres Mehl zu geben. Der Teig darf nicht mehr kleben. Abschmecken und eventuell nachwürzen. Der Teig muss würzig schmecken. Den Teig auf eine Silikonbackmatte oder Backpapier legen. Mit einem gleichgroßen Stück Folie abdecken und darauf den Teig so dünn wie möglich ausrollen. Mit einer Gabel überall in den Teig leicht einstechen, damit sich keine Luftblasen bilden. Mit einem Messer erst lange Streifen, daraus dann Dreiecke schneiden und bei 220 °C 5 Min. backen.
Danach jede Minute in den Backofen schauen, ob die Chips goldbraun sind. Wenn ja, sofort aus dem Ofen und vom Blech nehmen! (Oft sind es nur wenige Minuten, die den Unterschied zwischen goldgelb und kohlrabenschwarz ausmachen!)

Die Chips schmecken allein oder zu Tomatensalat und am besten zu:

Indianer-Nachtisch
Guacamole

2 reife Avocados
Saft einer halben Zitrone
1 EL Naturjoghurt
Salz, Pfeffer

Avocados vorsichtig, ohne den Kern zu verletzen, halbieren. (Aus den Kernen kann man tolle Pflanzen züchten: s. S. 118.) Mit einem Löffel das Fruchtfleisch herauslösen und mit einer Gabel zu Mus zerdrücken. Zitronensaft und Joghurt unterrühren. Mit Salz und Pfeffer würzen. Wer mag, kann noch eine feingewürfelte Tomate und eine zerdrückte Knoblauchzehe unterrühren.

Kuschelmuschel
Heiße Schokolade

Milch aufkochen, die Schokolade darin schmelzen, mit Zimt abschmecken.

500 ml Milch
1 Tafel Vollmilchschokolade
1 TL Zimt

Paradiessaft
Kinder-Bowle

Getränke in ein Bowlegefäß schütten, Cocktailfrüchte unterrühren, mit Eiswürfeln servieren.

1 l Apfelsaft
1 l süßer Sprudel
1 Dose Cocktailfrüchte
(ca. 400 g)

Grashüpfersekt
Apfel-Cocktail mit grünen Eiswürfeln

Vorbereitung: Sirup nach Geschmack mit Wasser mischen, in Eiswürfelschale gießen. Im Tiefkühlfach einfrieren.
Am nächsten Tag Apfel schälen, in Würfel schneiden. Apfelsaft mit 2 EL Waldmeistersirup mischen. Apfelwürfel auf die Gläser verteilen, Gläser halb-voll mit Apfelsaft und den Rest mit Mineralwasser füllen, mit Eiswürfeln servieren.

für 4 Gläser:
1 Apfel
½ l klarer Apfelsaft
½ l Mineralwasser,
ca. 100 ml Waldmeistersirup
(Menge nach Geschmack)

Geister-Tee
Gesunder Bubble Tea

50 g Perl-Sago (zu finden bei den Hülsenfrüchten im gut sortierten Lebensmittelgeschäft)
200 ml möglichst heller Obstsaft (z. B. Mango, Ananas oder Orange)
Saft einer Zitrone
125 ml Apfelsaft
mind. 10 Eiswürfel
evtl. etwas Zucker zum Nachsüßen

Perl-Sago in ein Sieb schütten, die ganz kleinen „Perlen" aussortieren. 200 ml Wasser aufkochen, Sago einrühren. Die „Perlen" unter Rühren etwa 10-15 Min. kochen, bis sie fast durchsichtig sind. (In der Mitte muss noch etwas Weißes sichtbar sein.) Anschließend in ein Sieb schütten und mit kaltem Wasser abbrausen. Bis zur Weiterverwendung in kaltem Wasser schwimmen lassen, aber nicht zu lange, sonst lösen sie sich auf.
Obst-, Zitronen- und Apfelsaft verquirlen und evtl. leicht nachsüßen. Die „Perlen" auf vier Gläser verteilen, Saft darübergießen, mit Eiswürfeln kalt stellen und servieren.

✕ *Tipp: Da die selbstgemachten Sago-Perlen nicht so groß wie die gekauften sind, braucht man auch nur normal große Trinkhalme. Wer sich nicht die Mühe mit dem Sago machen will, schneidet einfach ein paar Gummibärchen ganz klein. Sind die Kinder schon größer und trinken auch sonst schwarzen Tee, kann man statt dem Apfelsaft auch Eistee (selbstgekocht) oder ein Fertigprodukt nehmen.*

Nudelraupe in Gespensterblut
Spaghetti mit Wiener Würstchen einmal anders

8 Wiener Würstchen
200 g Spaghetti
1 l gut gewürzte Brühe
Ketchup
1 TL Butter

Wiener in 1 cm dicke Scheiben schneiden. Durch jede Wurstscheibe etwa 8–10 rohe Spaghetti stoßen. Es geht leichter, wenn man sie mit einem Zahnstocher „vorbohrt". In heißer, aber nicht mehr kochender Brühe garen, bis die Spaghetti weich sind. Vorsichtig mit dem Schaumlöffel herausheben und auf Teller legen. Mit Ketchup als „Gespensterblut" servieren.

Urwaldschrei
Kokos-Eis

Vorbereitung: Eine flache Plastikschale leicht mit Butter einreiben.
Milch und Puderzucker in einer Pfanne köcheln, bis der Zucker aufgelöst ist. Vom Herd nehmen, Kokosflocken einrühren, in die Plastikschale füllen, glatt streichen, abgekühlt ins Gefrierfach stellen und etwa 2 Stunden gefrieren lassen. Immer wieder umrühren, bis das Eis gefroren ist. Eine Viertelstunde vor dem Servieren aus dem Gefrierfach nehmen.

500 ml Kondensmilch
350 g Puderzucker
350 g Kokosflocken

Sommerzauber
Beeren-Joghurt-Eis

Vorbereitung: Eine flache Plastikschale leicht mit Butter einreiben. Beeren waschen und mit Küchenpapier abtrocknen.
Dann Beeren mit Puderzucker, Honig und Joghurt pürieren. In der Plastikschale mindestens 5 Stunden einfrieren, dabei von Zeit zu Zeit umrühren.

1 TL Butter
300 g Beeren
50 g Puderzucker
4 EL Honig
500 g Naturjoghurt

Ritterlachen
Süße Pommes mit „Schranke"

Himbeeren auftauen, Ananas in längliche Streifen wie Pommes schneiden. Himbeeren als „Ketchup" mit einer Gabel gut verdrücken, Joghurt als „Mayo" dazu reichen.

300 g Ananas (frisch oder aus der Dose, in Scheiben)
200 g Himbeeren (frisch oder TK) • 125 g Joghurt

Das Märchen von Hänsel und Gretel

Vor einem großen Wald wohnte ein armer Holzhacker mit seinen zwei Kindern; der Junge hieß Hänsel und das Mädchen Gretel. Da die Mutter der Kinder schon gestorben war, hatte der Mann eine andere Frau geheiratet. Obwohl sie täglich hart arbeiteten, hatten sie wenig zu essen und lebten in bitterer Armut. Eines Tages sprach der Mann voller Sorge zu seiner Frau: „Was soll nun aus uns werden? Wir haben ja selbst kaum noch etwas zu essen, wie können wir da unsere armen Kinder ernähren?" „Weißt du was, Mann", sagte die Frau, „wir wollen morgen in aller Frühe die Kinder hinaus in den Wald führen, dorthin, wo er am dichtesten ist. Dann gehen wir an die Arbeit und lassen sie allein. Sie werden den Weg nach Haus nicht mehr finden, und wir sind sie los."

Der Mann wollte es zuerst nicht übers Herz bringen, seine Kinder allein zu lassen, aber als seine Frau ihm sagte, dass sie sonst alle Hungers sterben würden, stimmte er zu.

Hänsel hatte jedoch an der Tür gelauscht und erzählte Gretel, was er gehört hatte. Gretel fing an zu weinen, aber Hänsel tröstete sie und sagte: „Ich will uns schon helfen." Und in aller Frühe schlich er hinaus und sammelte im Mondlicht weiße Kieselsteine ein.

Als sich alle am Morgen auf den Weg in den Wald machten, so hatte Hänsel in seinen Hosentaschen die Kieselsteine und warf von Zeit zu Zeit einen Stein hinter sich. Um die Mittagszeit machten sie ein kleines Feuer, und die Stiefmutter sagte zu ihnen: „Nun legt euch ans Feuer und ruht euch aus, wir gehen unterdessen in den Wald und hauen Holz." Vor Müdigkeit schliefen die Kinder ein und als sie wieder erwachten, war es finstere Nacht, und sie waren allein. Gretel fing wieder an zu weinen, doch Hänsel beruhigte sie: „Warte ab, bis der Mond aufgegangen ist, dann werde ich schon den Weg nach Hause finden." Und als der volle Mond aufgegangen war, sahen die Kinder die vom Mondlicht angestrahlten Kieselsteine, die ihnen den Weg zurück nach Hause zeigten.

Zuhause freute sich der Vater, die Kinder wiederzuhaben, aber die Stiefmutter ersann bald wieder einen neuen Plan. Abends sagte sie zu ihrem Mann: „Die Kinder müssen fort, wir müssen sie nur etwas tiefer in den Wald hineinführen, damit sie den Weg nicht wieder herausfinden." Hänsel hatte wieder alles mit angehört, aber als er hinauswollte, Kieselsteine aufsammeln, so war die Türe verschlossen.

Als sie sich alle am nächsten Morgen auf den Weg in den Wald machten, so nahm er Brotkrumen von dem Brot, das ihnen gegeben wurde, und warf sie hinter sich.

Tief im Wald angekommen, machte die Stiefmutter wieder ein Feuer und hieß den Kindern, sich daran niederzulegen. Die Kinder schliefen ein und erwachten in der Nacht. Als sie nun aber im Mondschein die Brotkrumen suchten, die ihnen den Weg nach Hause zeigen sollten, so fanden sie sie nicht mehr, denn die Vögel hatten sie aufgepickt.

So gingen sie in ihrer Not weiter und gerieten immer tiefer in den Wald. Plötzlich sahen sie ein Haus, das ganz aus Pfefferkuchen gebaut war, und die Fenster waren aus hellem Zucker. Vor Hunger brachen sie sich ein Stück vom Dach ab, da hörten sie eine Stimme:
„Knusper, knusper, knäuschen,
wer knabbert an meinem Häuschen"?
Die Kinder antworteten:
„Der Wind, der Wind,
das himmlische Kind",
und aßen weiter. Da ging auf einmal die Türe auf und eine steinalte Frau kam heraus, die sich auf eine Krücke stützte. Hänsel und Gretel erschraken gewaltig, aber die Alte sagte hinterlistig: „Ei, ihr lieben Kinder, kommt doch nur herein und bleibt bei mir, so könnt ihr euch richtig satt essen."
Hänsel und Gretel gingen hinein, bekamen reichlich zu essen und wurden hernach in weiße Bettchen gelegt. Die Alte hatte sich aber nur freundlich gestellt, in Wahrheit war sie eine böse Hexe, die mit dem Pfefferkuchenhäuslein Kinder zu sich lockte, um sie zu essen.

Als sie die Kinder am Morgen in ihren Bettchen liegen sah, so rieb sie sich nur die Hände und lachte höhnisch: „Ihr sollt mir nicht wieder entwischen! Das wird ein guter Bissen!"
Da packte sie den Hänsel und sperrte ihn in einen Stall, und die Gretel musste von nun an den ganzen Tag schwer arbeiten. Der arme Hänsel sollte gefüttert werden, damit er dick und rund würde. Jeden Tag ging nun die alte Hexe zum Stall und rief: „Hänsel, streck deinen Finger heraus, damit ich fühle, ob du bald fett bist." Hänsel streckte ihr aber ein Hühnerknöchlein heraus, und da die Alte schon trübe Augen hatte, bemerkte sie es nicht, sondern wunderte sich nur, dass Hänsel gar nicht dicker wurde.

Als nun vier Wochen um waren, so wurde sie ungeduldig und rief: „Hänsel mag fett oder mager sein, jetzt will ich ihn essen! Aber erst wollen wir ein Brot backen. Kletter in den Ofen und sieh zu, dass der Ofen recht eingeheizt ist!" Gretel stellte sich dumm und fragte: „Ich weiß nicht, wie ich's machen soll, wie komm ich da hinein?" „Ach, du dumme Gans", sagte die Hexe, „die Öffnung ist groß genug, siehst du, ich könnte selbst hinein." Und als sie den Kopf hineinsteckte, so gab ihr Gretel einen kräftigen Stoß und machte die Ofentür zu. So musste die Hexe elend verbrennen.

Gretel befreite Hänsel aus dem Käfig und rief: „Wir sind erlöst, die alte Hexe ist tot." Da fielen sich beide Kinder um den Hals und freuten sich sehr. Im Keller des Häuschens entdeckten sie eine Kiste mit Perlen und Edelsteinen, damit stopften sie sich die Taschen voll und machten sich auf den Weg nach Hause.

Und als sie viele Stunden gegangen waren, da kam ihnen der Wald immer bekannter vor, und endlich standen sie wieder vor der Hütte ihres Vaters.

Der Vater freute sich sehr, als er seine beiden Kinder wieder erblickte. Er hatte seit dem Tag, als er die Kin-der im Wald ließen, keine frohe Stunde mehr gehabt und seine böse Frau aus dem Haus gejagt. Nun schütteten Hänsel und Gretel alle Perlen und Edelsteine auf den Tisch, und alle Not hatte ein Ende.

Kein Märchen: Aromastoffe – Erdbeergeschmack aus Holz

Selbstgekochter Ketchup schmeckt und ist trotzdem nicht so süß wie der im Laden erhältliche, bei dem schon in 1 Esslöffel Masse 2 Stück Würfelzucker und jede Menge Zusatz- und Aromastoffe enthalten sind. Da der rote Bioaktivstoff Lycopin, der uns vor freien Radikalen schützt, in gekochter Form besser vom Körper aufgenommen wird, kann selbstgekochter Ketchup bei Kindern, die sonst keine Tomaten essen, eine gesunde Alternative sein.

Aromastoffe sollen industriell hergestellten Lebensmitteln wieder ihren ursprünglichen Geschmack und Geruch zurückgeben. Natürliche Aromastoffe werden aus natürlichen Grundprodukten hergestellt. Dazu gehört z. B. Vanillearoma aus Vanilleschoten. Es wird aber auch Erdbeer-Aroma aus Holzspänen hergestellt!

Deshalb ist es gesünder und preiswerter, statt Fruchtjoghurt Naturjoghurt zu kaufen und mit frischen Erdbeeren (oder anderem Obst der Jahreszeit) oder einem Löffel selbst gemachter Marmelade „aufzupeppen".

Vanillezucker kann man selbst preiswert herstellen, indem man die ausgekratzten Vanilleschoten aus einem Pudding- oder Kuchenrezept in einem Glas Zucker aufbewahrt (siehe S. 54).

Dazu kommen noch künstliche, im Labor erfundene Aromastoffe, die dazu beitragen, dass viele Menschen gar nicht mehr wissen, wie manche Lebensmittel im „Original" schmecken. Darüber hinaus werden die Aromastoffe für die Entstehung vieler Allergien verantwortlich gemacht.

Das heißt: Wenn immer es geht – Hände weg von industriell hergestellten Lebensmitteln.

Rezepte für kleine, schnelle Gerichte

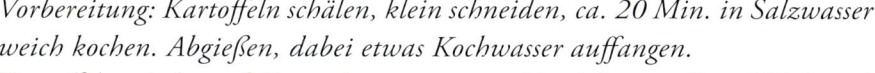

Mondtraum
Kartoffelbrei

1 kg Kartoffeln (mehlig kochend)
300 ml Milch
1 EL Butter
Muskat

Vorbereitung: Kartoffeln schälen, klein schneiden, ca. 20 Min. in Salzwasser weich kochen. Abgießen, dabei etwas Kochwasser auffangen.
Kartoffeln wieder auf die noch etwas warme Herdplatte stellen, Milch und Butter dazugeben. Kartoffeln mit dem Kartoffelstampfer zerdrücken. Ist der Brei zu steif, etwas Kochwasser unterrühren. Mit Muskat würzen.
Eine einfache und beliebte Beilage zu allen saucenreichen Gerichten, schmeckt aber auch allein mit etwas Butter oder einem Spiegelei, einer Bulette oder einem Würstchen.

Holzfällerspeise
Knackige Kartoffeln

1 kg längliche Kartoffeln (festkochend)
3 EL Olivenöl
2 TL Salz
1 TL Pfeffer (frisch gemahlen)

Vorbereitung: Backofen auf 200 °C vorheizen, Kartoffeln waschen, mit Küchentuch abtrocknen. Pfeffer und Salz in einer Schüssel mit Öl verrühren, Backblech mit Backpapier belegen.
Kartoffeln in längliche, fingerdicke Spalten schneiden, noch einmal mit Küchenpapier abtrocknen, in das Öl legen, gut umrühren, so dass sie vom Öl überzogen sind, dann auf dem Backblech verteilen. 30–40 Min. backen, bis sie knusprig und goldgelb sind.
Heiß zu Dips oder Ketchup (S. 108) servieren.

Flinker Hans
Kräuterquark

Vorbereitung: Zwiebel, Schalotte schälen und würfeln. Kräuter waschen, trocknen und klein schneiden.
Quark mit Pfeffer, Salz und Milch (oder Mineralwasser) verrühren, Zwiebel, Schalotte und Kräuter einrühren. Schmeckt auf deftiges Landbrot oder mit Pell- oder Folienkartoffeln.

je 1 Zwiebel und Schalotte
je 1 Bund Schnittlauch und Petersilie • je 1 Zweig Thymian und Majoran • 250 g Magerquark
½ TL Pfeffer • Salz • 100 ml Milch oder Mineralwasser

Hexenkrücken
Würstchen in Blätterteig

Vorbereitung: Blätterteig auftauen lassen. Auf etwas Mehl die Teigplatten mit dem Nudelholz so lange ausrollen, bis sie ganz dünn sind. Dann den Teig so teilen, dass etwa 8 cm breite und 15 cm lange Stücke entstehen. Backofen auf 200 °C vorheizen.
Auf jedes Teigstück ein Würstchen legen und in den Teig einwickeln. Die Kante fest andrücken. Das Backblech mit kaltem Wasser abspülen, gut abtropfen lassen. Die Teigrollen auf das mit Backpapier belegte Backblech legen und in den Backofen schieben. 10 Min. backen.
Tomaten waschen und in Scheiben schneiden. Schnittlauch waschen, in kleine Röllchen schneiden. Tomaten und Schnittlauch auf vier Tellern verteilen. Nach Ende der Backzeit schauen, ob die „Hexenkrücken" schon goldbraun sind. Wenn nicht, noch 1–2 Min. länger im Backofen lassen. Ansonsten vorsichtig – mit Topflappen – herausnehmen und auf den Tellern servieren.

4 Scheiben TK-Blätterteig
etwas Mehl zum Teigausrollen
4 Wiener Würstchen
4 Tomaten
1 Bund Schnittlauch

Hexenhäuschen
Gurkensalat

1 Salatgurke
2 Knoblauchzehen
(oder im Frühling: 4 Blätter
frischer Bärlauch)
500 g Joghurt
Salz, Pfeffer
evtl. Dill nach Geschmack

Gurke schälen, grob raspeln, in einer Schüssel mit Salz bestreuen, Knoblauchzehen schälen und fein pressen oder Bärlauchblätter waschen und in dünne Streifen schneiden.
Gurke in einem sauberen Tuch gut ausdrücken, trockene Gurke in den Joghurt rühren, Knoblauch, Salz, Pfeffer und evtl. klein gehackten Dill zugeben und gut verrühren.

✗ *Tipp: Schmeckt lecker zu frischem Fladenbrot oder zu Pellkartoffeln.*

Hex-hex-Sattmacher
Super-Hamburger

500 g Rinderhack
3 EL Semmelbrösel
1 Ei
Pfeffer, Salz
1 EL Öl zum Braten

Hackfleisch mit allen Zutaten gut verkneten. Herzhaft würzen.
Flache Klopse formen, in heißem Öl von beiden Seiten braun braten. Zu Tomatensalat und Brötchen servieren.

Variante: Das Hackfleisch kann nach Belieben bzw. persönlichen Vorlieben der Kinder noch mit vielen anderen Zutaten angereichert werden: Senf, Kräutern, (Schafs-)Käsekrümel oder klein gehackten Datteln. Ein sehr kreatives Rezept!

Gut zu wissen: Es gibt viele Theorien, warum der Hamburger Hamburger heißt. Möglicherweise war es Charlie Negrin, mit Spitznamen „Hamburger-Charlie", der 1885 den ersten Hamburger in Seymore/Wisconsin verkauft hat. Vielleicht auch Oscar Bilby 1891 in Tulsa/Oklahoma. 1900 soll Louis Lassen in seiner Imbissbude, die es noch heute in der Crown Street in New Haven gibt, einem eiligen Gast den Klops in einem Brötchen serviert haben.

Es wird auch behauptet, dass es Deutsche waren, die 1904 auf der Weltaus-
stellung in St. Louis ihr „Hamburger Rundstück", ein Brötchen mit einem
Stück Braten und Bratensauce, angeboten hätten.
Eins steht jedoch fest: Richtig zubereitet schmeckt er einfach nur gut und
ist mit selbstgemachtem Ketchup (S. 108) und Tomatenscheiben gar nicht
so ungesund, wie Eltern oft meinen.

Große Kieselsteine
Eier in Senfsauce

*Vorbereitung: Eier 8–10 Min. kochen, mit kaltem Wasser abschrecken. Zwie-
beln und Kräuter putzen und fein hacken.*
Zwiebeln in Butter anbraten, Mehl darüberstäuben. Mit Brühe und Sahne
ablöschen, zu einer dicken Sauce aufkochen, Senf und evtl. etwas Essig in
die Sauce rühren, mit Pfeffer und Salz würzen. Eier pellen, in die Sauce
geben, Kräuter in die Sauce streuen.
✕ *Tipp: Passt ideal zu Kartoffelbrei (S. 90), Salzkartoffeln oder Reis.*

8 Eier • 2 Zwiebeln
2 EL Schnittlauch, Petersilie,
Kresse oder Dill • 5 EL Butter
3 EL Mehl • 250 ml Brühe
200 g Sahne oder Milch
2–6 EL Senf (nach Geschmack)
Pfeffer, Salz

Knusperscheiben
Blitz-„Pizza" / Herzhaftes Tomaten-Toastbrot

*Vorbereitung: Backofen auf 225 °C vorheizen. Tomaten waschen und in dünne
Scheiben schneiden.*
Brot dünn mit Butter und Ketchup bestreichen. Mit Schinken oder Wurst
und den Tomatenscheiben belegen. Mit Käse bestreuen. Auf Backpapier auf
dem Backblech im Backofen 5–10 Min., bzw. bis der Käse geschmolzen ist,
backen. Sofort servieren. Mit einem gemischten Salat oder einer Suppe als
Vorspeise ergibt es eine schnelle Mahlzeit.

4 kleine Tomaten
4 Scheiben Toastbrot
Butter
4 EL Ketchup
4 Scheiben gekochter Schinken
oder Salami
4 EL geriebener Käse

Himmlisches Kind
Haferflocken-Möhren-Bratlinge

200 g Haferflocken
1 EL Butter • 150 ml Milch
200 g Möhren
150 g Käse • 1 Zwiebel
1 Bund Petersilie
2 Eier • Pfeffer, Salz

Vorbereitung: Haferflocken, Butter und Milch verrühren, 15 Min. quellen lassen.
Möhren putzen und raspeln. Käse raspeln, Zwiebel und Petersilie putzen, klein schneiden. Alles zusammen mit den Eiern verrühren, würzen, Bratlinge formen und in Öl von beiden Seiten braten.

Variante: Schmeckt statt mit Möhren auch mit Zucchini oder Kürbis.

Hutzelputzel
Schnelle Nudeln

500 g Nudeln
1 Handvoll Kräuter nach Geschmack (frisch oder TK-Ware)
evtl. 2 Zehen Knoblauch
(Alternative: 1–2 Blätter frischer Bärlauch) • Salz
Olivenöl • 2 EL Pinienkerne

Vorbereitung: Kräuter waschen, trockenschütteln und mit Knoblauch fein hacken. Pinienkerne ohne Fett kurz anrösten.
Nudeln nach Packungsangabe kochen, abschrecken, gut abtropfen lassen. In einen Topf soviel Öl gießen, dass der Boden knapp bedeckt ist, Knoblauch darin anrösten. Kräuter und Nudeln zugeben, alles vermischen. Mit den Pinienkernen bestreut servieren.

Hänsel-Happen
Nudeln in Muffinförmchen

Vorbereitung: Zwiebeln schälen, feinhacken. Basilikum in feine Streifen schneiden. Käse grob reiben. Flache Auflaufform, Muffinformen, feuerfeste Förmchen oder Tassen einfetten. Backofen auf 180 °C vorheizen.

Zwiebeln in Öl dünsten. Spinat dazugeben und unter Rühren auftauen lassen. Nudeln dazugeben und alles gut vermischen.

Entweder in eine Auflaufform füllen oder die Formen und Tassen jeweils zur Hälfte füllen. Eier mit Crème fraîche und so viel Milch verrühren, dass eine weiche, aber nicht flüssige Masse entsteht. Kräftig würzen. Käse unterrühren und alles über den Spinat-Nudel-Mix geben, Masse glattstreichen und im Backofen so lange backen, bis die Eier-Masse fest geworden ist. In der Auflaufform wird es etwa 20 Minuten dauern, bei den kleinen Formen geht es schneller.

2 Zwiebeln
2 Stängel Basilikum
100 g Emmentaler
2 EL Olivenöl
300 g Spinat (TK-Ware, gewürzt)
mindestens 4 Tassen gekochte
Nudeln vom Vortag
(z. B. Muscheln oder Farfalle)
3 Eier
150 g Crème fraîche
etwas Milch
Pfeffer, Salz, Muskat

Das Märchen von Dornröschen

Es waren einmal ein König und eine Königin, die sprachen jeden Tag: „Ach, wenn wir doch ein Kind hätten!" und kriegten immer keins. Doch eines Tages wurde ihr Wunsch erfüllt, und die Königin brachte ein Mädchen zur Welt. Vor lauter Freude richtete der König ein großes Fest aus, zu dem er auch die Feen einlud, damit sie dem Kind hold und gewogen wären. Es waren ihrer dreizehn in seinem Reich.

Da er aber nur zwölf goldene Teller hatte, bekam die dreizehnte Fee keine Einladung. Das Fest ward mit aller Pracht gefeiert und zum Schluss beschenkten die Feen das Kind mit ihren Wundergaben: die eine mit Tugend, die andere mit Schönheit, die dritte mit Reichtum und so mit allem, was man sich nur wünschen konnte. Gerade als die zwölfte Fee ihren Wunsch aussprechen wollte, stürmte die dreizehnte Fee herein. Sie wollte sich dafür rächen, dass sie nicht eingeladen war, und rief mit lauter Stimme: „Die Königstochter soll sich in ihrem fünfzehnten Jahr an einer Spindel stechen und sterben." Alle waren erschrocken, da trat die zwölfte Fee hervor, die ihren Wunsch noch übrig hatte, und weil sie den bösen Spruch nicht aufheben, sondern nur mildern konnte, so sagte sie: „Es soll kein Tod sein, sondern ein hundertjähriger tiefer Schlaf, in den die Königstochter fällt."

Der König wollte sein liebes Kind vor dem Unglück bewahren und ließ alle Spindeln im ganzen Königreich verbrennen.

Das Kind wuchs unterdessen zu einem schönen Mädchen heran, das all die Gaben der Feen besaß, denn es war auch sittsam, freundlich und liebenswürdig zu jedermann.

Es geschah, dass an dem Tag, als es gerade fünfzehn Jahre alt wurde, der König und die Königin nicht im Schloss waren. So ging es umher und kam endlich an einen alten Turm. Es stieg die Wendeltreppe hinauf und schloss eine kleine Tür auf. Da saß eine alte Frau mit einer Spindel in der Kammer und spann emsig ihren Flachs. „Guten Tag, was machst du da?", fragte die Königstochter. „Ich spinne", sagte die Alte. „Und was ist das für ein Ding, das da so lustig umherspringt?" fragte das Mädchen und hob die Spindel auf.

Kaum hatte sie aber die Spindel angerührt, so ging der Zauberspruch in Erfüllung, sie stach sich damit in den Finger und fiel auf das Bett nieder und in einen tiefen Schlaf.

Und mit ihr schliefen auch der König und die Königin ein, die eben heimgekommen waren, und alle Diener im Saal, die Pferde im Stall, die Hunde im Hof, die Tauben auf dem Dach, die Fliegen an der Wand, ja sogar das Feuer, das auf dem Herd flackerte, ward still und schlief ein, und der Braten hörte auf zu brutzeln, und der Koch, der den Küchenjungen an den Haaren ziehen wollte, weil ihm etwas heruntergefallen war, schlief ein, und auch die Magd, die das Huhn rupfte.

Und alles wurde still, der Wind legte sich, und auf den Bäumen vor dem Schloss regte sich kein Blättchen mehr.

Rings um das Schloss begann aber eine Dornenhecke zu wachsen, die immer höher wurde, bis schließlich vom Schloss nichts mehr zu sehen war. Es ging aber im Land die Sage um vom schönen Dornröschen, wie die Königstochter jetzt überall genannt wurde, und viele Königssöhne kamen, um sie zu sehen. Es war ihnen aber nicht möglich, sie blieben in der Hecke hängen und verletzten sich an den Dornen.

Nun waren gerade einhundert Jahre vergangen, als wieder ein junger Königssohn vom Dornröschen hörte und es wagen wollte, zum Schloss durchzudringen. Aber kaum hatte er sein Schwert gezogen, um sich durch die Hecke zu kämpfen, taten sich die Dornensträucher wie von allein auseinander, und nun waren es lauter schöne, große Blumen. Der Königssohn ging über den Hof in das Schloss, sah den Hofstaat schlafen und gelangte endlich zu der Kammer, in der das Dornröschen schlief. Da lag es und war so wunderschön, dass er die Augen nicht abwenden konnte, und er gab ihm einen Kuss. Da öffnete es die Augen und sie sahen einander an. Und in diesem Augenblick erwachte auch der Hofstaat, König und Königin rieben sich die Augen, die Hunde bellten im Hof, die Pferde wieherten, die Tauben gurrten, der Koch zog den Küchenjungen an den Haaren, der Braten brutzelte wieder über dem Feuer und die Magd rupfte das Huhn fertig.

Und da wurde die Hochzeit des Königssohns mit dem Dornröschen in aller Pracht gefeiert, und sie lebten vergnügt bis an ihr Ende.

Kein Märchen: Kinder brauchen keine Extrawurst

Kinder brauchen keine besonderen Lebensmittel – schon gar keine Kindersüßigkeiten, die nur relativ wenig „gute Milch" (wie in der Werbung immer behauptet wird), dafür aber sehr viel Zucker enthalten.

Das Bundesamt für Verbraucherschutz hat inzwischen fünfzehn solcher speziellen Kinderprodukte beanstandet, da deren Zusammensetzung nicht den Bedürfnissen von Kleinkindern gerecht wird. Das Erschreckende dabei ist, dass es sich teilweise um die Produkte angesehener Hersteller von Kindernahrung handelt, die mit ihrer Qualität werben. Schlimm ist auch, dass „Kindermilch" oder „Kleinkindermilch", wie sie heute angeboten wird, weniger Kalzium und mehr Fett als normale Kuhmilch enthält. Ein Kleinkind sollte pro Tag etwa 300 ml Milch oder 300 g

Milchprodukte zu sich nehmen. Gibt man seinem Kind die Milch jedoch in Form von „Kindermilch", erhält es weniger Kalzium (das es zum Wachsen dringend benötigt), dafür aber mehr Vitamine und Mineralstoffe, als es verarbeiten kann.

Die Verbraucherzentralen raten, Kinder ab dem zehnten Lebensmonat an Familienkost heranzuführen und es mit Kuhmilch zu ernähren.

Auch Früchteriegel für Kleinkinder fielen der Behörde besonders unangenehm auf. So bestand ein Riegel einer bestimmten Firma zu einem Drittel, ein anderer sogar zur Hälfte aus Zucker!! Zum Vergleich: In 25 g Apfel oder Birne stecken nur 2,5 g Zucker.

Und in speziellen Früchtejoghurts für Kinder war keine einzige Frucht enthalten, dafür aber reichlich Aromen ...

Diese Liste ließe sich beliebig fortsetzen. Schauen Sie sich Produkte, die das Wort „Kinder" im Namen haben, immer kritisch an, achten Sie vor allem auf die Bestandteile und Zusammensetzung. Im Zweifelsfall lassen Sie die Hände davon. Schließlich geht es um die Gesundheit Ihres Kindes!

In einer ausgewogenen Mahlzeit (siehe dazu auch S. 53) sind ausreichend Vitamine, Mineralstoffe und sekundäre Pflanzenstoffe enthalten. Lediglich bei Kalzium, Eisen, Folsäure, Jod und Vitamin D könnte es knapp werden.

Kalzium ist wichtig für den Aufbau und die Erhaltung von Knochen und Zähnen. Es ist reichlich in Milch, Milchprodukten und grünem Gemüse wie Brokkoli, Grünkohl und Spinat enthalten. Sind diese gerade beim Kind verpönt, hilft ein kalziumhaltiges Mineralwasser.

Ein anderer wichtiger Mineralstoff ist **Jod**, das wir für die Schilddrüse benötigen. Es ist in Seefisch enthalten oder in Jodsalz. Würzen Sie also am besten immer damit.

Eisen ist ein wichtiger Bestandteil des roten Blutfarbstoffs. Wir benötigen es zur Sauerstoffversorgung des Körpers und zum Aufbau von Enzymen. Es ist in Fleisch, Getreide, Nüssen und grünem Gemüse enthalten. (Besonders Mädchen ab der ersten Regel brauchen ausreichend Eisen. Sprechen Sie mit Ihrem Hausarzt!)

Besonderen Augenmerk sollten wir auf das regelmäßige Angebot von grünem Gemüse und Vollkornbrot legen, da die darin enthaltene **Folsäure** wichtig für den Eiweißstoffwechsel, die Zellteilung und die Zellerneuerung ist.

Auch **Vitamin D**, das wir in der Haut beim Aufenthalt im Freien (15 Min. zwischen 10 und 15 Uhr) selber bilden können, ist wichtig und fehlt besonders im Winter. Es ist am Skelettaufbau beteiligt und verbessert die Aufnahme von Kalzium im Darm. Bevor Sie zu Nahrungsergänzungsmitteln greifen: Servieren Sie öfter Eier oder „fetten" Fisch wie Lachs, Hering oder Makrele.

Rezepte für Brot, Brötchen und Brotmuffins

Feenbrot
Sonntags-Frühstücksbrot

je 250 g Mehl Type 405 und 550
1 Pck. Backpulver
1 TL Salz
½ l Buttermilch

Vorbereitung: Kastenform gut fetten.
Mehl mit Backpulver und Salz mischen, Buttermilch zugießen. Kräftig verrühren, aber nur kurz kneten. Teig in die Form legen, mit einem Messer dreimal oben in den Teig 1 cm tief einschneiden. In den kalten Backofen schieben. Bei 180 °C 30–45 Min. backen. Garprobe machen.

✗ *Tipp: Man kann das Brot auch schon abends backen und morgens 1–2 Min. noch mal bei 100 °C etwas aufwärmen*

Schlafmützen
Einfaches Pizzabrot

Vorteig:
½ Würfel frische Hefe
1 Msp. Zucker
Teig:
400 g Mehl
½ TL Meersalz
3 EL Olivenöl

Vorbereitung: Zutaten für den Vorteig mit 200 ml warmem Wasser verrühren, 10 Min. warm stellen. Backblech mit Backpapier belegen, Backofen auf 200 °C vorheizen.
Jetzt die Teigzutaten in den Vorteig kneten, zugedeckt 30 Min. gehen lassen. Dann den Teig etwa 1,5 cm dick ausrollen, auf das Backpapier legen. Noch einmal 30 Min. gehen lassen. Mit dem Finger Löcher in den Teig drücken (nicht bis ganz unten), Öl in die Löcher gießen, mit Salz bestreut 20–25 Min. backen.

Morgensterne
Frühstücksbrötchen

Vorbereitung: Backblech mit Backpapier belegen, Ofen auf 180 °C vorheizen.
Quark mit Milch und Öl verrühren. Mehl mit Backpulver, Sonnenblumen-
kernen und Salz mischen. Mehlmix in den Quark rühren, leicht kneten. Ist
der Teig klebrig, mehr Mehl, ist er bröselig, etwas mehr Quark nehmen.
12 Brötchen formen und auf das Backblech legen. 20–25 Min. backen.

✘ *Tipp: Süße Brötchen: Keine Kerne, dafür je 1 EL Mandelblättchen, Zucker und Rosinen mischen.*

150 g Magerquark
je 6 EL Milch und Öl
1 TL Salz
200 g Mehl Type 405
100 g Mehl Type 1050
1 Pck. Backpulver
1 EL Sonnenblumenkerne
1 TL Salz

Küchenjunge
Pizza-Muffins

*Vorbereitung: Backofen auf 180 °C vorheizen. Muffin- oder kleine Auflauf-
formen gut einfetten.*
Zwiebel schälen, würfeln, Mozzarella klein schneiden, Käse reiben, Salami
würfeln. Mehl, Backpulver, Natron, Salz, Oregano und Parmesan verrühren.
Ei mit Buttermilch, Öl und Tomatensauce verrühren. Mehlmix unterrühren,
zuletzt Zwiebeln, Mozzarella und Salami unterrühren.
Die Formen nur halbvoll mit dem Teig füllen und 20–25 Min. backen.
Größere Formen brauchen etwas länger. Garprobe machen.

1 Zwiebel • 125 g Mozzarella
50 g Parmesankäse • 125 g Salami
250 g Mehl Type 550
2 TL Backpulver
je ½ TL Natron und Salz
1 TL Oregano • 1 Ei
180 ml Buttermilch
60 ml Olivenöl
100 ml Tomatensauce

Prinzessinnenglück
Bananenbrot

3 reife, aber nicht matschige
Bananen • 100 g Zucker
125 ml Milch • 1 TL Apfelessig
400 g Mehl Type 405
2 TL Backpulver • 1 TL Natron
50 g Kokosraspeln

Vorbereitung: Kastenform gut fetten, Bananen gut zerdrücken. Bananen mit Zucker, Milch und Apfelessig verrühren. Mehl mit Backpulver und Natron mischen. Mehlmix in den Bananenmix einrühren. In die Form streichen, mit den Kokosraspeln bestreuen und bei 150 °C etwa 50 Min. backen.

Prinzenglück
Amerikanische Brötchen

50 g Butter
je 125 g Mehl Type 405 und 550
je 1 TL Backpulver, Natron
und Meersalz
1 Msp. Zucker
300 g Joghurt
1 EL Butter

Vorbereitung: Backblech mit Backpapier belegen.
Butter in einer Pfanne zerlassen, Mehle mit Backpulver, Natron, Salz und Zucker mischen. Butter mit Joghurt in einer Schüssel mit dem Stabmixer verrühren. Mehlmix in den Joghurt-Mix rühren und kurz verkneten, Kugeln formen. Im Abstand von 4 cm auf das Backpapier setzen. Mit Butter bestreichen und 15 Min. bei 225 °C backen. Abgekühlt zu Suppe oder Salat servieren.

Schlafäuglein
Nuss-Muffins

100 g Haselnüsse (fein gemahlen)
250 g griechischer Sahnejoghurt
125 ml Vollmilch • 100 g Walnüsse • 2 Eier • 4 EL Honig
125 g Mehl Type 550 • je 1 TL
Backpulver und Natron • 1 Msp.
Salz • Zucker zum Bestreuen

Vorbereitung: Haselnüsse in Joghurt und Vollmilch einweichen. Walnüsse grob hacken. Muffinformen fetten. Backofen auf 180 °C vorheizen.
In den Nuss-Milchmix die Eier und den Honig einrühren. Mehl, Backpulver, Natron und Salz mischen und ebenfalls in den Milchmix einrühren. Muffinformen zur Hälfte füllen. Mit Zucker bestreut 20–25 Min. backen.

Mägdebrot
Naan-Brot

Alle Zutaten gut verkneten, eine Rolle formen und etwas ruhen lassen. In der Zwischenzeit den Tisch decken.

Den Teig in 4–6 Stücke schneiden, die Stücke 1 cm hoch ausrollen. Die Fladen etwas flach drücken und von beiden Seiten mit Butter bestreichen. In einer Pfanne von beiden Seiten etwa 1 Min. backen bzw. braten. Die Fladen gehen dabei leicht auf und sollten leicht gebräunt sein. Als Frühstücksbrot schmeckt es besonders gut mit Kräuterfrischkäse.

✂ *Tipp: Naanbrot schmeckt auch gut als Beilage zu saucenreichen Gerichten. Man kann dann auf Reis, Nudeln oder Kartoffeln verzichten.*

250 g Mehl
je 1 TL Backpulver und Salz
2 EL Naturjoghurt
125 ml lauwarmes Wasser

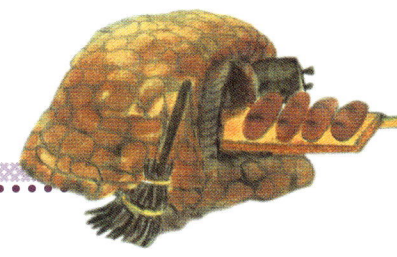

Wachmacher
Schnelle Frühstücksbrötchen

Vorbereitung: Ofen auf 180 °C vorheizen.
150 g Quark mit den restlichen Zutaten verkneten. Ist der Teig zu bröselig, noch so viel Quark zu geben, bis er geschmeidig und glatt ist. 8–10 Kugeln formen, auf ein gefettetes Backblech setzen und 20–25 Min. backen.

✂ *Tipp: Anstelle der Kerne je 1 EL Zucker, gehackte Mandeln und Rosinen zufügen – das ergibt süße Brötchen!*

150–200 g Magerquark
je 6 EL Milch und Öl
200 g Mehl Type 405
100 g Mehl Type 1050
1 Pck. Backpulver • 1 TL Salz
1 EL Sonnenblumenkerne oder Kürbiskerne

Das Märchen vom König Drosselbart

Es war einmal eine schöne, aber verwöhnte und hochmütige Königstochter. Ihr Vater, der König, suchte einen Ehemann für sie und lud viele heiratslustige Männer in sein Schloss ein: erst Königssöhne, dann Herzöge, Grafen und zuletzt Edelleute. Doch die Prinzessin hatte an jedem etwas auszusetzen und machte sich gar noch über sie lustig. Von einem, der ein spitzes Kinn hatte, sagte sie, dass er ein Kinn wie eine Drossel habe, und nannte ihn spöttisch „König Drosselbart".

Als der Vater sah, dass seine Tochter nichts tat, als über die Leute zu spotten, und alle Freier verschmähte, wurde er wütend und schwor, dass er sie dem nächstbesten Bettler, der vorbeikäme, zur Frau geben wolle.

Am nächsten Tag sang ein Musikant vor dem Schloss. Er wurde hereingebeten und mit der Königstocher vermählt. Nach der Hochzeit ging der Musikant mit seiner Frau nach Hause. Sie kamen durch einen großen Wald, da fragte die Prinzessin, wem der Wald gehöre. Und ihr Mann sagte:
„Der gehört dem König Drosselbart,
hättst du ihn genommen, so wär er dein."
Und sie jammerte:
„Ich arme Jungfer zart, ach, hätt ich genommen den König Drosselbart!"
Da kamen sie über eine Wiese, da fragte sie wieder, wem sie gehöre.

Und abermals sagte ihr Mann:
„Sie gehört dem König Drosselbart,
hättst du ihn genommen, so wär sie dein."
Zum Schluss kamen sie in eine große Stadt, und wieder fragte die Prinzessin, wem die Stadt gehöre, und wieder antwortete ihr Mann, sie gehöre dem König Drosselbart.

Dann führte er sie in ein winzig-kleines Häuschen, das war von nun an ihr Zuhause, und sie sollte alles besorgen. Zudem sollte sie Weidenkörbe flechten, Flachs spinnen und Tontöpfe verkaufen – aber all das gelang ihr nicht, so dass ihr Mann sagte: „Siehst du, du taugst zu keiner Arbeit. Aber ich habe dir dennoch in unseres Königs Schloss eine Arbeit als Küchenmagd verschafft. Dafür bekommst du freies Essen."

Dort musste sie schwer arbeiten und legte ihren Hochmut bald ab. Sie hängte sich immer kleine Töpfchen an ihren Gürtel, in die sie kleine Bröckchen von Speisen, die übrig blieben, hineintat. Eines Tages hieß es, dass der König heiraten und ein großes Fest geben wolle. Sie wurde mit Speisen in den Saal geschickt, und als sie da so stand, kam der Königssohn herein und wollte mit ihr tanzen. Da erschrak sie und ließ ihre Töpfchen fallen. Und wie das die Leute sahen, entstand ein Gelächter, dass sich die Königstochter schämte und zurück in die Küche lief.

Der Königssohn aber lief ihr hinterher und holte sie auf der Treppe ein. Und wie sie ihn ansah, da erkannte sie, dass es Drosselbart war, den sie einst so verspottet hatte, und sie schämte sich noch mehr. Da sprach er freundlich zu ihr: „Fürchte dich nicht, ich und der Musikant, der mit dir in dem Häuschen gewohnt hat, sind eins: Dir zuliebe habe ich mich so verstellt, um deinen Stolz zu beugen und dich für deinen Hochmut zu strafen." Da weinte sie bitterlich und sagte: „Ich habe großes Unrecht gehabt und bin nicht wert, deine Frau zu sein." Er aber sprach: „Tröste dich, du hast bewiesen, dass du ein gutes Herz hast. Werde meine Frau, wir wollen heute unsere Hochzeit feiern". Und damit geleitete er sie zurück in den Saal, und der König und der ganze Hof feierten ein großes Fest. Von nun an lebten sie beide glücklich und zufrieden bis an ihr Lebensende.

Kein Märchen: Was Kinder wirklich brauchen (1)

Essen und Trinken ist mehr als die Zuführung von „Treibstoff" für den Körper. Gerade für Kinder ist das gemeinsame Essen wichtig. Man unterhält sich mit Eltern und Geschwistern, scherzt mit ihnen und hat das Gefühl, wichtiger Teil einer Gemeinschaft zu sein.

In vielen Familien können aus zeitlichen Gründen nicht immer alle gemeinsam essen. Versuchen Sie aber trotzdem, dass sich die Familie wenigstens für eine Mahlzeit am Tag gemeinsam am Tisch versammelt. Wenn Kinder und Erwachsene ihre Sachen (Kleidung, Taschen etc.), die sie am nächsten Tag benötigen, bereits abends packen bzw. bereitlegen (der Schulranzen sollte ohnehin immer abends gepackt werden!), hat man morgens viel mehr Zeit und kann zusammen frühstücken. Stehen Sie ruhig einmal fünfzehn Minuten eher als üblich auf. So beginnt der Tag für alle schön und entspannt.

Für Kinder ist das Frühstück sehr wichtig. Nach der langen Nachtpause verlangt der Körper nach Kohlehydraten: Stellen Sie Brot, Brötchen oder Knäckebrot aus Vollkorn auf den Tisch, dazu Butter oder Margarine, Quark, Käse oder mageren Aufschnitt. Ideal ist ein Müsli mit Milch, Joghurt oder Dickmilch und frischem Obst. Im Winter oder bei Kindern, die leicht frösteln, bietet sich ein warmer Brei an. Getränke können sein: ein warmer Kakao, Früchte- oder Kräutertee, verdünnter Obst- oder Gemüsesaft.

Genauso wichtig ist aber auch das zweite Frühstück bzw. Pausenbrot (in Kindergarten oder Schule), das aus den gleichen Zutaten wie das Frühstück bestehen sollte. Heute gibt es formschöne Behälter für belegte Brote, Obst oder Quarkspeise (Löffel nicht vergessen), so dass es auch nach dem Transport im Ranzen oder Kindergartentasche noch appetitlich aussieht.

Das Mittagessen erhalten Kinder an Wochentagen meist im Kindergarten oder in der Schulmensa. Umso schöner ist es, wenn man am Wochenende gemeinsam zu Mittag essen kann! Wenn Sie Ihre Kinder jedoch bereits zum Mittagessen abholen, können Sie sich auf die Mahlzeit mit Ihren Kindern freuen. Lassen Sie sich Zeit zum gemeinsamen Kochen und gewöhnen Sie die Kinder daran, nach dem gemeinsamen Mittagessen mit Ihnen zusammen die Küche aufzuräumen und z. B. das Geschirr in die Spülmaschine zu stellen, bevor Sie mit ihnen spielen oder Hausaufgaben machen.

In den meisten Familien nimmt man zumindest das Abendessen gemeinsam ein. Vielleicht kochen Sie noch eine Kleinigkeit (schnelle Gerichte: ab S. 86). Auf jeden Fall sollten Sie sich auch hier Zeit nehmen und die Kinder von ihrem Tag erzählen lassen.

Gute Tischmanieren lernt man schon als Kind. So wird bei Tisch weder gerülpst noch geschmatzt, in den Zähnen gepult oder das Messer abgeleckt. Niemand schaukelt mit dem Stuhl oder legt die Ellbogen oder gar die ganzen Unterarme auf den Tisch. Gesprochen wird nur, wenn der Mund leer ist. Von den Eltern kann man sich prima abgucken, wie man das Besteck richtig hält. Jeder Bissen wird einzeln abgeschnitten und in den Mund gesteckt. Nicht alles auf einmal schneiden, das Messer weglegen und den „überflüssigen" Arm unter dem Tisch verstecken! Spaghetti werden entweder klein geschnitten oder um die Gabel gewickelt und nicht im Ganzen aufgeschlürft. Früher sollte man Kinder bei Tisch nur sehen, aber nicht hören. Heute gehört das angeregte Tischgespräch dazu. Es wird aber nicht geschrien oder gestritten, jeder lässt jeden ausreden, darf aber nicht ewig alleine reden. Und natürlich wird bei Tisch weder ferngesehen noch Radio gehört.

Suppe, Salat und gesunde Nachspeisen (Obst, Quark) kann man schon abends vorbereiten. So kommen sie zum Mittagessen schnell auf den Tisch.
Täglich sollten mindestens einmal Gemüse, Kartoffeln, Nudeln, Getreide oder Hülsenfrüchte sowie Salat auf dem Teller liegen.
Man rechnet mit fünf Portionen Obst und Gemüse pro Tag. Eine Portion ist so viel, wie das Kind in beiden Händen halten kann bzw. ein handtellergroßes Stück, bei Säften sollten es 150–200 ml sein.
In der Woche sollte es zwei- bis dreimal eine Portion Fleisch, einmal Fisch oder Ei geben. Dazu sollten Kinder ausreichend trinken. Ähnlich wie alte Menschen trinken nämlich auch Kinder zu wenig – und das Meiste ist zu süß! Kleinkinder brauchen am Tag, aufgeteilt auf 6 Portionen, mindestens 0,6–1 Liter und Schulkinder 1–1,5 Liter Flüssigkeit, z. B. Mineralwasser (mit oder ohne Kohlensäure), verdünnte Obst- und Gemüsesäfte (1 Teil Saft, 3 Teile Wasser).

(Fortsetzung nach Frau Holle – S. 117)

Rezepte für Ketchup, Gummibärchen und andere Lieblingssachen

Rotes Feuer
Tomaten-Ketchup

1 EL Olivenöl
1 rote Zwiebel
1 Paprikaschote
250 g reife Tomaten
1 EL Rotweinessig
1 EL Zucker
Salz, Pfeffer

Zwiebel, Paprika und Tomaten putzen, klein schneiden.
Öl in einem Topf erhitzen, Zwiebel und Paprika darin andünsten. Klein geschnittene Tomaten und Gewürze zugeben. **In etwa 30 Min. zu einer dicken Sauce einkochen. (Achtung: spritzt!)** Etwas abkühlen lassen, pürieren und eventuell nachwürzen. Hält sich im Kühlschrank etwa eine Woche.

Knallraketen
Popcorn

3 EL neutrales Öl
30 g Maiskörner (Reformhaus)
Salz
1 TL Butter

Öl in einem großen, breiten Topf erhitzen, Maiskörner hineinschütten, der Boden sollte knapp bedeckt sein. Nicht mehr nehmen. Deckel draufsetzen. Topf so lange auf der Herdplatte stehen lassen, wie man hört, dass die Körner poppen (also platzen), dabei den Topf an den Griffen hin- und herrütteln. Wenn die Popp-Geräusche weniger werden, Topf von der Herdplatte ziehen, **vorsichtig Deckel abnehmen**, Salz und etwas Butter darübergeben und alles in eine große oder vier kleine Schüsseln schütten. Statt Salz kann man auch Zucker über das Popcorn streuen.

Gut zu wissen: Popcorn ist keine neue Erfindung. Schon die alten Mayas und Inkas kannten die geplatzten Maiskörner. Richtig beliebt sind sie aber in Amerika. Dort vertilgt der Durchschnitts-Amerikaner im Jahr fast einen 60-Liter-Eimer Popcorn!

Lagerfeuer-Romantik
Kartoffelchips

Vorbereitung: Kartoffeln schälen, mit dem Sparschäler in dünne Scheiben schneiden, auf Küchenpapier trocknen.

Kartoffeln mit Gewürzsalz bestreuen und auf Backpapier oder eine Silikonbackfolie legen. Im Backofen bei höchster Temperatur backen, bis sie knusprig sind. Ab und zu die Backofentür öffnen, damit die Feuchtigkeit abzieht. Um sie in der Mikrowelle zu machen, die Kartoffelscheiben auf Schaschlikstäbe ziehen, über eine Schüssel hängen. Bei der höchsten Einstellung 6–7 Min. backen.

Kartoffeln (Menge nach Bedarf)
Gewürz- oder Pommes-Salz

Plombenzieher
Karamellbonbons

Vorbereitung: Tiefes Backblech einfetten, Pergament- oder Backpapier in Streifen schneiden.

Wasser, Milch, Zucker und Vanillezucker verquirlen und in einem hohen Topf bei kleiner Hitze langsam erhitzen. **Sehr vorsichtig hantieren: Der Zucker wird sehr heiß!** Mit einem Holzlöffel ständig rühren. Wenn die Masse langsam zäh und hellbraun wird, Topf von der Herdplatte ziehen und die Masse auf das Backblech streichen. Abkühlen lassen, in bonbongroße Stücke schneiden und in Streifen von Butterbrotpapier einwickeln.

125 ml Wasser
400 g Dosenmilch
500 g Zucker
2 EL Vanillezucker

Kleine Küchengesellen
Gummibärchen

20 Blatt weiße oder
rote Gelatine
150 ml Fruchtsaft nach
Geschmack
200–250 g Zucker
Speisestärke

Vorbereitung: Gelatine in kaltem Wasser einweichen.
Saft mit Zucker 5 Min. im offenen Topf kochen. Abkühlen lassen. Gelatine ausdrücken und im abgekühlten Saft auflösen. In eine flache Form, etwa 24 cm Seitenlänge, gießen und 5 Stunden kalt stellen. Mit Mini-Backförmchen oder den kleinen Plastikdeckelchen von Milchpackungen ausstechen. Zum Aufbewahren legt man sie in etwas Speisestärke, damit sie nicht aneinanderkleben.

Noch mehr kleine Küchengesellen
Fruchtigere Gummibärchen ohne Gelatine

100 g rote Beeren
(frisch oder TK-Ware)
Zucker nach Geschmack
5 g Agar-Agar (Alternative:
Apfelpektin, beides aus dem
Reformhaus) • Speisestärke

Vorbereitung: Beeren auftauen lassen oder waschen.
Beeren mit Zucker pürieren, durch ein feines Sieb streichen. 4 Min. bei kleiner Hitze köcheln. Etwas Zucker mit Agar-Agar mischen, in die Beeren-Masse rühren. Noch eine Minute köcheln. Vom Herd nehmen. Auf flache Teller etwa ½ cm dick streichen. Etwas abkühlen lassen. Weiter wie oben.

Jahrmarktsknüller
Gebrannte Mandeln

200 g Mandeln (ungeschält)
4 EL Rohrzucker
4 EL Wasser
1 TL Zimt

Alles in einer feuerfesten Form verrühren. Ohne Deckel in der Mikrowelle bei höchster Leistung 2 Min. laufen lassen. Umrühren und dies noch zweimal wiederholen. Die Masse auf Backpapier streichen und abkühlen lassen. Dann auseinanderbrechen.

Weihnachtstraum
Marzipan

Vorbereitung: Mandeln fein mahlen und mit Puderzucker mischen.
Aroma und Rosenwasser zugeben. Alles gut kneten. Wenn es noch zu trocken ist, etwas mehr Rosenwasser zugeben. Aus dem Marzipanteig kann man Obst für den Kaufmannsladen formen oder mit etwas Kakao Marzipankartoffeln daraus machen.

✗ *Tipp: Man kann natürlich auch bereits gemahlene Mandeln verwenden. Frisch gemahlene Mandeln haben jedoch einen viel besseren, intensiveren Geschmack.*

200 g geschälte Mandeln
100 g Puderzucker
je 3 Tropfen Bittermandel- und Vanillearoma
20 ml Rosenwasser (Apotheke)

Sprutzelwasser
Sprudel selbst gemacht

Küchennatron mit Wasser oder Saft verrühren, dann Zitronensäure oder Essig zugeben und schnell trinken. Das Getränk fängt sofort an zu schäumen und zu sprudeln.

Gut zu wissen: Früher als Limonade noch teuer war und Kinder sie nicht jeden Tag trinken durften, war dies ein guter Ersatz. Das Getränk – natürlich nur mit Wasser – empfiehlt sich auch, wenn man zu viel gegessen hat!

pro Glas:
1 TL Natron
150 ml Wasser oder Fruchtsaft
1 TL Zitronensäure oder Apfelessig

Das Märchen von Frau Holle

Es war einmal eine Frau, die hatte zwei Töchter. Die schöne und fleißige konnte sie nicht leiden, denn es war ihre Stieftochter. Die andere Tochter aber hatte sie lieb, obwohl sie faul und hässlich war, denn sie war ihr eigenes Kind. Die fleißige Tochter musste alle Hausarbeit tun und außerdem noch so viel spinnen, dass sie ganz wunde Finger bekam. Eines Tages lief ihr das Blut aus den Fingern und auch die Spule war ganz blutig. Da wollte sie die Spule im Brunnen abwaschen, aber sie fiel ihr aus der Hand in den Brunnen. Aus Angst vor der Stiefmutter sprang sie in den Brunnen, um die Spindel zu holen.

Sie verlor die Besinnung, doch als sie wieder erwachte, fand sie sich auf einer wunderschönen Wiese mit vielen Blumen wieder. Auf dieser Wiese ging sie fort und kam an einen Backofen, der war voll Brot, und das Brot rief: „Ach, zieh mich raus, zieh mich raus, sonst verbrenn ich: ich bin schon längst ausgebacken." Da holte sie das Brot aus dem Ofen. Dann kam sie zu einem Baum, an dem hingen Äpfel, die riefen: „Ach, schüttel mich, schüttel mich, wir Äpfel sind alle reif." Da schüttelte sie das Bäumchen und legte die Äpfel auf einen Haufen. Endlich kam sie zu einem kleinen Haus, daraus schaute eine alte Frau. Sie sagte zum Mädchen: „Fürchte dich nicht, bleib bei mir. Wenn du alle Arbeit im Haus ordentlich tun willst, so soll dir's gut gehen. Du musst nur Acht geben, dass du

mein Bett gut machst und es fleißig aufschüttelst, dass die Federn fliegen, dann schneit es in der Welt, denn ich bin die Frau Holle." Das Mädchen willigte ein und machte alles zur Zufriedenheit von Frau Holle und hatte ein gutes Leben bei ihr.

Nach einer Zeit wurde es traurig, und obwohl es ihr bei Frau Holle so viel besser erging als daheim bei ihrer bösen Stiefmutter, so hatte sie doch Heimweh und sagte zu Frau Holle: „Ich kann nicht länger bleiben, ich muss wieder zu den Meinigen". Frau Holle brachte sie daraufhin zum Tor, und wie das Mädchen darunter stand, fiel ein gewaltiger Goldregen und alles Gold blieb an ihm hängen.

Als das Mädchen heimkehrte, krähte der Hahn: „Kikeriki, unsere Goldmarie ist wieder hie".

Das Mädchen erzählte der Stiefmutter, was ihm begegnet war. Da wollte sie ihrer hässlichen, faulen Tochter das gleiche Glück verschaffen. Auch sie musste sich an den Brunnen setzen und spinnen. Dann warf sie die Spule in den Brunnen und sprang selbst hinein.

Wie Goldmarie kam auch sie an dem Backofen und dem Apfelbaum vorbei, aber sie dachte gar nicht daran, sich die Hände schmutzig zu machen, und sagte immer nur: „Helft euch doch selbst." Dann gelangte sie zum Haus

von Frau Holle und verdingte sich bei ihr. Am ersten Tag tat sie noch ganz fleißig, aber schon am zweiten hatte sie keine Lust mehr und faulenzte nur noch. Auch die Betten schüttelte sie nicht, und die Kinder waren traurig, dass es so wenig schneite.

Da wurde Frau Holle böse und sagte, sie solle nach Hause gehen. Sie führte sie bis an das große Tor. Die Faule war zufrieden, meinte sie doch, jetzt würde der Goldregen kommen. Doch als sie aber darunter stand, fiel ein Pechregen auf sie nieder, der überall an ihr kleben blieb. „Das ist zur Belohnung deiner Dienste!", sagte Frau Holle und schloss das Tor. Die faule Tochter ging nach Hause, und als der Hahn sie sah, rief er: „Kikeriki, unsere Pechmarie ist wieder hie!" Das Pech blieb aber fest an ihr hängen und wollte nicht mehr abgehen.

Kein Märchen: Was Kinder wirklich brauchen (2)

Milch, Kakao oder Milchmix-Getränke sind eine Frühstücks- bzw. Zwischenmahlzeit. Drei Portionen Milch braucht ein Kind pro Tag.

Unverdünnte Obst- und Gemüsesäfte bzw. Smoothies ersetzen eine Gemüsemahlzeit am Tag, sofern sie selbst zubereitet wurden.

Wenn Kinder zeitweise kein Gemüse mögen, können sie einfach mehr Obst essen. Tipp: „Verstecken" Sie Gemüse in Saucen, Suppen oder Säften. Wenn der Saft schmeckt, „verraten" Sie dem Kind hinterher, was alles drin war. Bieten Sie auch immer wieder Gemüse roh zum Knabbern an.

Limonade und Cola sind keine Getränke, sondern gehören zu den Süßigkeiten! Cola hat zudem Inhaltsstoffe, die, ähnlich wie bei Alkohol oder Bohnenkaffee, für Kinder absolut ungeeignet sind.

Natürlich sind Süßigkeiten nicht aus dem Leben von Kindern wegzudenken. Sie sollten aber etwas Besonderes und nicht Bestandteil der täglichen Nahrung sein! Auf jeden Fall sollten nicht mehr als 10 Prozent der täglichen Energiemenge aus „süßen Kalorien" bestehen. Bedenken Sie immer: Süßigkeiten „verderben" oft den Appetit auf die richtige Mahlzeit, haben sehr viel Zucker und fördern Karies. Besser sind immer frisches Obst oder Nüsse, auch als „Betthüpferchen"!

Kinder brauchen auch Fette in der täglichen Ernährung, wenn auch nicht so viel. Butter als auch Pflanzenöl sind in Ordnung, es sollten aber nicht mehr als 2 EL pro Tag sein.

„Ende gut, alles gut": Der kleine Koch als Gärtner – und wie man aus Küchenabfall schöne Blumen ziehen kann

Jeden Tag landen im Küchenabfall Reste, aus denen sich attraktive Pflanzen ziehen lassen.

Das fängt mit der Kartoffel an, die vielleicht im Abfall gelandet ist, weil sie zu viele „Augen" sprich dunkle Stellen hat. Sie ist besonders gut für gärtnerische Zwecke geeignet. Die Kartoffel mit der runderen Seite so in ein Glas stellen, dass ihre Unterseite gerade vom Wasser bedeckt ist. Wenn sich die ersten Würzelchen zeigen, die ganze Kartoffel in einen größeren Topf mit guter Erde pflanzen, es darf nichts mehr herausschauen. Regelmäßig gießen, die Erde darf aber nicht klatschnass sein. Kartoffeln haben eine sehr schöne weiße oder violette Blüte, deshalb wurden sie auch nach ihrer Entdeckung bei uns erst als Zierpflanze gehalten.

Auch Süßkartoffeln ergeben eine schöne Blume, die zudem auch noch rankt, so dass man sie um ein ganzes Fenster ranken lassen kann. Bei ihr das dünnere Ende ins Wasser stecken.

Beim nächsten Ananaskauf darauf achten, dass die Innenblättchen der Blattrosette noch fest sitzen. Den oberen Teil mit Blättern und etwa 3 cm Fruchtfleisch daran abschneiden.Das Fruchtfleisch bis auf den harten, faserigen Kern entfernen. Dann 2–3 Tage an der frischen Luft trocknen lassen und in gute Erde mit einer Handvoll Sand vermischt pflanzen. Den Topf an einen hellen und warmen Platz stellen. Regelmäßig gießen, aber nicht zu feucht halten. Im Sommer kann die Pflanze draußen stehen, muss aber, wenn die Temperaturen unter 10 °C fallen, wieder an ein warmes Fenster.

Auch aus Ingwer lässt sich eine attraktive Pflanze ziehen. Wenn sich auf dem Ingwer glänzende kleine „Beulen" (sogenannte Augen) zeigen, mit einem scharfen Messer herausschneiden und dabei links und rechts etwa 1 cm Fruchtfleisch stehen lassen. Das ausgeschnittene Stück etwa 1 cm tief in einen kleinen Blumentopf pflanzen, an ein sonniges Fenster stellen und regelmäßig gießen.

Aus Avocadokernen lassen sich problemlos schöne Zimmerpflanzen ziehen. Kern ein paar Tage in ein Wasserglas legen, bis sich die äußere dunkle Schale löst. Vorsichtig ablösen. Den nackten Kern noch ein paar Tage im Wasser liegen lassen, dann mit der runden Seite in einen Blumentopf pflanzen. Den restlichen Kern herausschauen lassen. Ist das Pflänzchen etwa 15 cm hoch, die inneren Blättchen vorsichtig abknipsen. Die Pflanze wächst dadurch buschiger. Sie kann fast einen Meter hoch werden.

Auch aus einer einzelnen Knoblauchzehe oder einer kleinen Zwiebel kann man eine schöne weiße (Knoblauch) oder blaue Blume (Zwiebel) ziehen. Jeweils zur Hälfte in einen Blumentopf mit guter Erde drücken. Allerdings riechen diese Töpfe stark nach Zwiebeln, dafür kann man ihre Sprosse abschneiden und kleingeschnitten auf Butterbrot essen.

Eine witzige, aber vergängliche Hängepflanze kann man aus dem Schopf einer Bundmöhre ziehen. Bundmöhren nennt man die jungen Möhren, die oben noch das Blattgrün haben. Von einer solchen frischen Möhre das obere Stück mit dem Grün etwa 5 cm abschneiden. Das Innere aushöhlen, einen Zahnstocher oder hölzernen Schaschlikspieß durchziehen und die Pflanze daran aufhängen. In die Höhlung Wasser gießen. Nach einer Weile biegt sich das nach unten hängende Grün und wächst nach oben. Später wird die Möhre jedoch weich und man muss sich von seiner „Karotten-Ampel" trennen. Aber man kann aus den abgeschnittenen Enden von Roten Beeten, Pastinaken oder weißen Rüben (Mairübchen) weitere schöne, farnartige Pflanzen zaubern. Vorausgesetzt, sie haben noch Blattansatz und sind nicht schon vom Händler geschält worden. Deshalb am besten im Bioladen kaufen. Jeweils von einer frischen Rübe, egal von welcher Farbe, 2–3 cm vom oberen Ende abschneiden und mit der Schnittfläche in ein Schälchen Wasser stellen und an einen hellen Platz am Fenster stellen. Regelmäßig drehen, dann wächst die Pflanze schön gleichmäßig.

Auch aus den Kernen von Mangos, Orangen, Zitronen, Kürbissen, Melonen und natürlich Bohnen kann man Pflanzen ziehen. Einfach die Samen in einen Blumentopf stecken, regelmäßig feucht und warm halten. In wenigen Tagen zeigen sich die ersten Blättchen. Im Sommer kann man die Pflanzen nach draußen stellen. Mit etwas Glück blühen sie, und wer noch mehr Glück hat, kann vielleicht sogar Früchte ernten.

Rezeptverzeichnis Märchenrezepte

Aller guten Dinge sind drei	57	Hans im Glück	17
Allerlei	33	Häschen-Kuchen	73
Arme Ritter	59	Hexenhäuschen	92
Aztekengold	82	Hexenkrücken	91
Beerentraum	18	Hex-hex-Sattmacher	92
Bitzel-Kuchen	75	Himmlisches Kind	94
Blaue Versuchung	19	Hinter den sieben Bergen	46
Bremer Süppchen	26	Hinz und Kunz	56
Dicker Müller	61	Holterdiepolter	35
Dreiäuglein	16	Holzfällerspeise	90
Ende gut, alles gut	49	Hund und Katz	24
Faule-Musikanten-Suppe	28	Hutzelputzel	94
Feenbrot	100	Indianer-Nachtisch	82
Feenschaum	16	Jägerfreude	71
Feiner Bissen	69	Jägerschmaus	40
Flinker Hans	91	Jahrmarktsknüller	110
Flüssiges Gold	58	Kalte Kammerspeise	63
Frösche-Schreck	33	„Kalter Hund" – altmodische Variante	68
Geistersuppe	28	„Kalter Hund" – neue Variante	68
Geister-Tee	84	Katzenjammer	26
Gescheiter Hans	80	Kleine Küchengesellen	110
Goldküchlein	73	Knallraketen	108
Goldschatz	34	Knister-Knister	81
Goldspinnerin	54	Knusperscheiben	93
Goldspule	61	Königliches Hochzeitsmahl	63
Göttertraum	18	Königs Freude	54
Grashüpfersekt	83	Königs Glück	55
Große Kieselsteine	93	Küchenjunge	101
Großmütterchen-Kuchen	70	Kuschelmuschel	83
Grün wie die Hoffnung	48	Lagerfeuer-Romantik	109
Hahn auf dem Dach	29	Letzte Rettung	24
Hahnenkämmchen	27	Mägdebrot	103
Hänsel-Happen	95	Märchenwald	72

Mit-einem-Haps-Kuchen	70		Sieben Lichtlein	42
Mondtraum	90		Sommerzauber	85
Morgensterne	101		Spieglein an der Wand	43
Musikantenspaß	23		Spinnerin-Kuchen	58
Musikantentraum	27		Sprutzelwasser	111
Noch mehr kleine Küchengesellen	110		Steh-Töpfchen	15
Nudelraupe in Gespensterblut	84		Süßes Müllerinnen-Lied	60
Paradieschen	19		Süße Täuschung	74
Paradiessaft	83		Tanz ums Feuer	62
Plombenzieher	109		Tausendschön	49
Prinzengabe	48		Teufelsspeise	62
Prinzenglück	102		Tischlein deck dich	80
Prinzenmahl	40		Turmsalat	35
Prinzessinnenglück	102		Urwaldschrei	85
Quill aus dem Topf	17		Wachmacher	103
Räuberschreck	25		Waldhaussuppe	29
Räubersuppe	23		Wandersmann	81
Ritsch-Ratsch-Suppe	25		Weihnachtstraum	111
Ritterlachen	85		Weiße Blümchen	68
Rosenrot	19		Weiß wie Schnee	45
Rote Käppchen	71		Wichtelmann	41
Rotes Feuer	108		Wolfsaugen	67
Rotes Glück	56		Wolfstatzen	72
Rot wie Blut	45		Wolfszahn	69
Rumpelpumpel	74		Wolkenweiß	18
Rumpelstilzchen	55		Zauberschüssel	34
Schlafäuglein	102		Zuckerschlange	67
Schlafmützen	100		Zwergenbettchen	47
Schleckermäulchen	55		Zwergentellerchen	44
Schlemmer-Schüssel	59		Zwergentopf	43
Schneewittchenspeise	44			
Schöne Müllerin	57			
Schwarz wie Ebenholz	46			

Rezeptverzeichnis *Rezepte*

Ananaskuchen	73	Grießschmarren, herzhafter	45
Apfel-Cocktail mit grünen Eiswürfeln	83	Grießschmarren, süßer	57
Apfelrohkost	17	Grießsuppe, geröstete	26
Apfelkuchen, schneller	69	Guacamole	82
Apfel-Möhren-Salat	35	Gulasch im Römertopf	46
Apfel-Streuselkuchen	70	Gummibärchen	110
Auflauf aus Brötchen und Obst	58	Gummibärchen, fruchtigere	110
Baiser (Eiweiß-Schaumgebäck)	68	Gurkensalat	92
Bananenbrot	102	Haferflocken-Möhren-Bratlinge	94
Bananen-Smoothie	19	Hähnchen einmal ganz anders	40
Beeren-Joghurt	18	Hamburger, Super-	92
Beeren-Joghurt-Eis	85	Haselnuss-Nudeln	49
Bienenstich, schneller	70	Hefezopf aus Quark-Ölteig	67
Bircher-Müsli	16	Heidelbeer-Joghurt-Shake	19
Blattsalat mit leckerem Dressing	33	Heiße Schokolade	83
Bratäpfel	61	Herzhafter Grießschmarren	45
Brezelsuppe	24	Himbeer-Quark-Nachspeise	62
Brotauflauf	59	Hirsebrei	15
Brötchen, amerikanische	102	Hühnerflügel *shake'n bake*	40
Bubble Tea, gesunder	84	Karamellbonbons	109
Chili con Carne	45	Karottensuppe, schnelle	25
Dinkelbrei	16	Kartoffelbrei	90
Eier in Senfsauce	93	Kartoffelchips	109
Erbsensuppe	25	Kartoffeln, knackige	90
Erdbeerspeise, feine	19	Kartoffelpüree-Auflauf, schneller	43
Fischauflauf	47	Kartoffelsalat	34
Frühstücksbrot, Sonntags-	100	Kartoffelsalat, warmer	35
Frühstücksbrötchen	101	Kartoffelsuppe mit roten Linsen	29
Frühstücksbrötchen, schnelle	103	Kartoffelsuppe mit Würstchen	41
Gemüseeintopf mit Hackfleisch	43	Käse-Spätzle	42
Gemüse-Lasagne, schnelle	49	Kekskuchen	68
Grieß-Auflauf	59	Kinder-Bowle	83
Grießbrei	17	Kirschen-Schoko-Auflauf	63

Kirschsuppe, süße	27
Klare Brühe mit Einlage	28
Kokos-Eis	85
Kompott	18
Kräuterquark	91
Kürbissuppe	28
Limonade-Kuchen	75
Linsen mit Spätzle	46
Maiskolben mit Butter	81
Mandarinen-Käsekuchen	72
Mandeln, gebrannte	110
Marmorkuchen, schneller	74
Marzipan	111
Marzipankuchen, falscher	74
Melonensuppe, kalte	63
Milchreis	18
Möhrenkuchen ohne Mehl	73
Möhrenmuffins	71
Müslikekse	67
Naan-Brot	103
Nudeln in Muffinförmchen	95
Nudeln, schnelle	94
Nudelsalat, italienischer	33
Nudelsauce	48
Nudelsuppe, schnelle	27
Nuss-Muffins	102
Petersiliensuppe	26
Pfannkuchen	44
Pizza aus Quark-Ölteig, schnelle	80
Pizza, Blitz- / Tomaten-Toastbrot	93
Pizzabrot, einfaches	100
Pizza-Gesichter	80
Pizza-Muffins	101

Pommes mit „Schranke", süße	85
Popcorn	108
Quarkklößchen in Aprikosensauce	62
Quarknudeln, süße	61
Rahmspinat im Pfannkuchen	44
Reis-Auflauf	60
Rhabarber-Grütze mit Vanillepudding	56
Rote Grütze	55
Rote Grütze-Auflauf	55
Sauerkirsch-Auflauf	56
Schokolade, heiße	83
Schokoladencreme	54
Schokoladen-Kirschkuchen	71
Schokoladenpudding	55
Spaghetti mit Wiener Würstchen	84
Sprudel selbst gemacht	111
Stockbrot für's Lagerfeuer	81
Streuselkuchen	69
Suppe mit Grünkernklößchen	23
Tomaten-Ketchup	108
Tomatensuppe, deftige	23
Tomatensuppe, schnelle	24
Tortillachips (Nachos)	82
Vanillepudding	54
Vanillepudding mit Obst und Quark	57
Vanillesauce	58
Waffeln, Dauer-	72
Würstchen in Blätterteig	91
Wurstsalat	34
Zucchini-Frittata	48